教養教育再考

これからの教養について語る五つの講義

東谷 護 編著
佐藤良明・森 利枝・伊藤 守・
標葉靖子・小島美子・塚原康子

ナカニシヤ出版

まえがき——いま「教養教育とは何か」を考える

Ｅ・Ｈ・カーの『歴史とは何か』（カー 一九六二）がわれわれの前に差し出されてから四〇年後に、カーに敬意を表した『いま歴史とは何か』（キャナダイン 二〇〇二）という論文集が世に問われました。専門を異にする私でさえも、この間の歴史学の発展と、その射程の広さを感じることができました。これは歴史学者の地道な日々の研究を基とした問題提起と批判、そして議論の積み重ねという不断の努力がもたらした成果の一つであろうと思います。

本音を吐露しますと、私が専門とする音楽研究に関わる内容について書きたかったのですが、四半世紀ほどの自身の研究を振り返ってみましたところ、専門領域の研究よりも他領域の研究成果に多くのことを教わってきたことを今更ながら痛感した次第です。ここでいう他領域の研究成果とは当該の専門領域の最先端ではなく、研究成果を啓蒙的、教育的に噛み砕いてくれた書籍や講演、あるいは授業で学んだ話のことです。

先ほど言及しました四〇年の間に、日本の大学を取り巻く環境にもおおいに変化がありました。比較的目につくものとして、大学進学者の増加、大学の大衆化、学生運動の激化、教養部の解体、大学院重点化といったところがあげられると思います。もちろん、その後も国公立大学の法人化、近年では教育の質保証、初年次教育、アクティブラーニングと鍵語が目まぐるしく登場します。おそらくその都度、こうした新たな動きに対して議論はなされたことでしょう。でもそのほとんどが旧教養部、初年次教育センターといった、いわゆる一般教育、教養教育といった専門科目ではない科目を管轄する組織やそれに関わる教員が対応に追われることになったのではないかと思われます。少なくとも専門との壁は厚かったのではないでしょうか。

本書は、教養教育をめぐる五つの講義を読者のみなさんに提示することによって、今後の教養教育を考える何かしらのヒント、あるいは議論の叩き台となることを願って編まれたものです。外国語教育、人文科学、社会科学、自然科学といった、伝統的な一般教育科目のカテゴリーを意識し、各分野から、これまで教養教育科目を実際に担当された経験のある気鋭の研究者、あるいはこれまで教養教育科目のカリキュラムデザインを構築された経験のある気鋭の研究者に講演者として登壇していただきたくご依頼しました。実際の公開講演を踏まえて、新たに書き下ろしていただいた論考を集めたものが本書です。なお本書では、大学で教養教育科目を教える、ということに関しては、広く市民へ専門知を発信するという意味にまで解釈しています。つまり、ここでいう「教養」とは、大学教育を中心としながらも、大学だけに閉じこもらない、広く市民にも開かれたものということになります。

そもそも教養とは何か、教養教育とは何か、ということについては、第二章の森利枝論考が歴史的な観点から説いております。森氏はほかの執筆者と違って、大学改革支援・学位授与機構が本務であるため、大学の現場からの声というよりは、それらの声をより広く耳に入れる立場にいます。そういう点において、たんなる一教員の特殊事例に回収されることのない議論が展開されます。

前述した専門との壁について、外国語教育の教育実践、カリキュラム構築の経験も踏まえたうえで論を展開するのが第一章の佐藤良明論考です。佐藤氏は一九九〇年代に東京大学の英語改革に取り組んだ実績をもっていますが、この経験だけにとどまらず、NHK英語講座の教材制作に関わるなど、大学以外にも専門知を広く市民に届ける努力をされており、近年ではその活動の場を放送大学に移しています。第一章では執筆者自身の経験も踏まえた英語教育のあり方、さらには専門教育と教養教育に大学教員がどのように向き合っていくかについてのヒントも示されています。

ご自身の経験をあえて前面に押し出して講演を組み立てていただいたのは第五章の小島美子論考です。各章の扉ページの裏に論考執筆者のプロフィールが掲載されていますが、小島氏は本書が世に問われるときには九〇歳（講演時は八八歳）になります。略歴にありますように、東京大学を卒業されていますが、論考のなかでも触れられていますとおり、旧制の東京大学で学ばれています。講演では質疑応答者として、塚原康子氏にも登壇していただきました。小島氏の貴重な語りとともに、塚原氏の小島氏への質問とその応答についても、一個人の事例にとどまらず、広く一般化して考えることのできる話が盛りだくさんだったことを踏まえ、四章までの講演を基にした論考形式ではなく、第五章は小島美子講演会の紙上再録という体裁にしました。二〇世紀後半になって、とりわけ人文科学の領域ではパラダイムシフトがかなりみられましたが、小島氏はそれ以前から、担当する教養科目や、専門知を基に市民へと広

［1］ＳＴＥＭ（ステム）とは、Science, Technology, Engineering and Mathematics の総称で、これらを取り入れた教育モデルの必要性を主張する米国の教育界における新たな潮流のことである。日本でも大学教育学会などで活発に議論が交わされてきているが、実際には研究にせよ、教育実践にせよ、始まったばかりというのが現状である。なお、詳細な議論については、谷（二〇一九）を参照されたい。

く教え伝える実践をされてきました。そうした教育実践の拠りどころとなったものは何か、そしていまなお、学術をベースにした新たな著作を執筆中という飽くなき探究心をもつ小島氏の語りに耳を傾けてみましょう。

ここまでが、どちらかというと、故きを温ねて新しきを知る、といった趣もある論考ですが、第三章の伊藤論考では比較的新しい学問領域である人文社会情報学という立場から、教養教育においてメディアをどのように考えていくかについての論考です。メディアとひとことにいいましても、たとえば、本書の執筆者たちが小学生の頃に身近にあった主要なメディアを一つに絞ることはできないでしょう。笑い話になってしまいますが、いまの大学院生や若い世代の大学教員には、ＦＤというのはフロッピーディスクの略称だ、というのは通用しないかもしれません。

さらに教養教育における新しい動きの一つである科学リテラシーをめぐって、第四章の標葉論考が科学コミュニケーションという立場から説得的、かつ丁寧にわれわれに論じてくれます。教養教育というと、旧態依然の科目名を並べておしまいとするか、頑張って工夫をしたとしても、どうしても人文科学を中心にカリキュラム構築されるきらいがあると思います。おそらく、自然科学には最低限身につけておかなければならないことがあるため扱いにくいのだと思われます。たとえば、数学にせよ物理学にせよ、これを知らなければ次に進めないといったようなことがある、ということです。だからこそ、リメディアル教育に関わる科目が自然科学系に多く見受けられるのではないでしょうか。近年、ＳＴＥＭ《ステム》[1]が話題になっているだけに、標葉論考にわれわれが学ぶべきものは多く詰まっています。自然科学とは縁がないと思っている人にこそ、ぜひ読んでいただきたい論考です。

前口上を長々と述べてしまいました。さあ、いよいよ知的遊戯の始まりです。五つの講義があなたの知的好奇心を満たしてくれることでしょう。どうぞ、おおいに愉しんでください。

東谷　護

――参考文献

カー・E・H／清水幾太郎［訳］（一九六二）『歴史とは何か』岩波書店（Carr, E. H. (1961). *What is history?*. London: Macmillan.）

キャナダイン・D［編著］／平田雅博・岩井　淳・菅原秀二・細川道久［訳］（二〇〇五）『いま歴史とは何か』ミネルヴァ書房（Cannadine, D. (ed.). (2002). *What is history now?*. London: Macmillan.）

谷　美奈（二〇一九）「STEM+ART が求められる時代に‘ART’をどうとらえるのか―クリエイティブベーシックの実践から考える」東谷　護［編著］『表現と教養――スキル重視ではない初年次教育の探求』ナカニシヤ出版、一二三―一四四頁

目次

2章 教養教育をどうとらえるか――森 利枝 59

歴史的視点から考える

5章　狭い音楽観からの解放――小島美子・塚原康子 177

1章

専門という甘えの構造

佐藤良明

佐藤良明《さとうよしあき》

1950年山梨県生まれ。群馬県に育つ。東京大学大学院人文科学研究科博士課程中退（英語英文学専攻）。東京大学教授、放送大学教授を経て、現在、東京大学名誉教授。専攻は英語圏文化。

アメリカの小説家トマス・ピンチョンの研究を皮切りに、1980年代には人類学者グレゴリー・ベイトソンの研究、紹介、翻訳を軸とした評論活動を行う。1990年代には、東京大学教養学部（駒場）における英語教育改革を主導した。全学共通の英語テキスト『The Universe of English』（東京大学出版会）シリーズは学内外から大きな反響を呼んだ。2000年以降は、ポピュラー音楽研究に主軸を移しつつ、NHK英語講座の教材制作と出演に関わり、「トマス・ピンチョン全小説」（新潮社）の翻訳企画をほぼ完結。2015年からは放送大学で社会人教育への取り組みを始めている。

著書に、トマス・ピンチョン『重力の虹 上・下』（翻訳、新潮社、2014年）、『これが東大の授業ですか。』（研究社、2004年）、『ラバーソウルの弾みかた——ビートルズから《時》のサイエンスへ』（岩波書店、1989年）、ほか。

1　はじめに

教養教育について話してくれというので、少々刺激的なタイトルを考えてきました。「甘え」のあとに読点を振ってください。「専門という甘え、の構造」です。専門に甘えるとはどういうことか、その心理構造はいかなるものか、その甘えを許す制度はどのような歴史的・文化的背景をもつのか。その点を少々掘り下げてみることで、逆に「教養の教育」というものの〈厳しさ〉がみえてくるのではないだろうか、そう願って、今回のお話のテーマを選びました。

もちろん、「専門」は私たちの拠りどころであり、それを悪し様に言うつもりはありません。われわれはアカデミシャンとして、明確に定義された研究テーマをもつ必要がありますし、そのテーマは、専門的なディシプリンのなかに埋め込まれていなくてはいけないのは当然のことです。

ただ、特に人文・社会系の学問にあっては「専門」に身を閉ざすことは、研究の質を担保するのに「損」だということがあります。なぜなら、門を閉ざして、探究の範囲を固定してしまうと、目の前には小さな事実の群れしかなくなってしまうからです。家宅捜索する捜査員ならそれでいいのでしょうが、私たちはやはり、自宅に閉じこもりたくないですし、オタクにもなりたくはない。扉を開けて天を仰ぎ、〈真理〉に身をさらしたい。大きな真実を、そのひとかけらでもいいから、研究のなかにかき抱きたいと思うわけです。

なかなか厄介ですよね、この仕組み。学問的な貢献のためには、明確な対象に焦点を絞り込み、狭いところを掘り下げていかなくてはならないのだけれども、その掘り下げは、同時に広い知見と結ばれなくてはならない。そうでないと、われわれの探究は物象化され、その主体性を抜かれて、インターネットの雲のなかの数キロバイトの文字列となって、気まぐれな検索に引っかかるのを待つばかりとなってしまいます。

2　専門家とは「便利な人」

いま「主体性」と申しました。デカルトのコギト・エルゴ・スム（cogito ergo sum）を意識してのことです。デカルトはコギト（I cognize, I think）しているかぎり、スム（I am）が成り立つとしました。みずからの精神の活動に自己存在の基盤を求めました。でも、現在のネット社会、事情は激変しつつあります。かつては自分でしなくてはいけなかった計算も翻訳もデータ処理も、みんな自分の外で行われている。「ゆえに吾あり」を確認するために、私は何をしたらいいのでしょう。

一方で、いまの時代、オタクとしての「専門家」の振る舞いは、誰にも開かれています。献身的なファンがつくる、ボブ・ディラン[1]やローリング・ストーンズ[2]の英語サイトは、生半可な意気込みでは対抗できないようなクオリティです。しかし、バイオグラフィーとディスコグラフィーのデータをいくら集めても、人として、そのぶん育つわけではありません。誰にでも瞬時に開かれた知は〈あなた〉をつくらない。ディランやストーンズを深く知るためには、音楽史と芸能史に関する教養のみならず、文化史、社会史、経済史の文脈を、〈あなた〉において、撚り合わせて考えることが必要になるでしょう。現代において、デカルト的 cogito、すなわち自己存在の確認に関わる知の領分は、どうもますます〈教養〉という、非情報的な知に関わらざるをえなくなってきているように思うわけです。

大学教育に重みを与え、大学に独自の価値を与えるものは、単なるファクトの伝授とは別な何かだと、私たちはうすうす感じてはいるわけです。その「別な何か」を〈教養〉と呼ぶとして、その実体は何なのかという問いに、本日は向かい合っていきたい。〈教養〉を定義するために、今日のお話は〈専門〉という概念を仮想敵として進めてまいります。

「敵」という言葉を使いました。これは闘いです。事が喫緊なのは、ビジネスの価値観が、大学運営の根幹にまで染み込みつつあるからです。ビジネスにもいろいろありますが、一般大衆を相手に、手っ取り早く利益を上げようとするビジネスは、一般に教育というまだるっこしいものには敵対的に働きます。マスコミをイメージしてみましょう。マスコミにとっては専門家は、ハンディな道具です。すなわち「番組で流す、大衆向けに単純化された知識が、ウソでないことを裏書きしてくれる」人、これが「専門家」なんですね。「＊＊大学教授」とかの肩書きがあれば、あとはどうでもいいんです。このことを私は、それなりの反省をこめて申し上げています。私はかつて『J-POP進化論』（佐藤 二〇一九）とい

[1] 二〇一六年にノーベル文学賞を受賞したアメリカのシンガー・ソングライター、ボブ・ディラン（Bob Dylan, 1941–）関連のサイトの充実ぶりはすごい。ここでは、老舗の情報サイト expectingrain.com〈https://www.expectingrain.com/（最終閲覧日：二〇一八年一二月一一日）〉と alldylan.com〈http://alldylan.com/（最終閲覧日：二〇一八年一二月一一日）〉、ディラン研究者が歌詞の意味を論じる Untold Dylan〈https://bob-dylan.org.uk/（最終閲覧日：二〇一八年一二月一一日）〉を挙げておこう。

[2] 一九六二年結成のイギリスのロックバンド、ローリング・ストーンズ（The Rolling Stones）は、中心メンバーが七五歳になる二〇一八年も精力的にツアーをこなし、世界最高レベルの収益をあげ続けている。

う名前の著書をもつ東大の先生」だったことがあります。そういう人間が出演して、「この曲がヒットしたのは＊＊＊だったから」と言ってくれれば、それで番組のコーナーが成立すると考えるプロデューサは少なくありません。

一度、何かの番組で、ドゥーワップ[3]のリズムが、日本の歌謡曲に快く受け入れられた経緯を説明したことがありました。ポール・アンカ[4]がドゥーワップのパターンを活用してつくった《君は我が運命（You Are My Destiny）》（一九五七年）を例に使って、それがのちに、水原弘や森進一以後の歌謡曲のリズムの基盤になっていく、という話をしたつもりなのですが、テレビ番組の制作者は視聴者に向け、それを「ヒットの方程式＝日本人は三連符が好き」という、過度にわかりやすい言葉に変換してしまうものです。ゲスト出演の船村徹[5]さんが「三連符でつくればヒットするって話じゃないよ」とボソッとつぶやいたのが聞こえて、冷や汗をかきました。

マスコミに利用される弊害は、しかし、政治に利用される弊害に比べたら、かわいいものかもしれません。安倍首相が答弁で繰り返す口癖の一つに「専門家を含む第三者委員会」というセリフがありますす。それがOKを出しさえすれば、野党の追及を切り抜けて、問題含みの政策を推進していくことが可能になる。これが、われわれ専門家の生きる環境です。政治も商業も報道も――要するに、損得を基準に動く荒々しい力の世界は――私たちが弱々しい「専門家」でいてくれることを常に望んでいる。これは、誘惑ですよね。おまけに学術社会も、まるでそれをバックアップしてくれるかのように動いています。専門を固定させれば、研究に一貫性があると判断されて、科研[6]も通りやすいし、業績の本数を増やすことも楽になる――こうして専門への安住が進んでいく。もちろん真の専門家として競争を勝ち抜いて、安定した職を得るのは大変なことではありますが、それでも、楽なんです、専門家の道を歩みさえすればいいのであれば。でも、その道は、人文系の学問の枯渇に通じることも、私たちは知っているし、学生にも気づいてほしいと思っている。

〈教養〉とは何か、専門的知見とは違う「教養の知」というものがどのように可能であるのか。今日はそのテーマで、自分の半生を語らせていただきたいと思います。そのなかで、〈教養〉が要求する知の方法が〈専門知〉の場合とどのように異なるのかという点にも触れることができたら幸いです。

3　専門が決まらない

東京大学駒場地区キャンパス（以下、東大駒場ないしは駒場）の英語教員として雇われた当初（一九九〇年代初頭）、文科Ⅰ類から理科Ⅲ類まで、全国から集まった俊英を相手にできるということで、少なからず燃えました。日本語の教材だったら、こちらが負けてしまうような優秀な学生でも、英語でなら抑え込

［3］ドゥーワップ（doo-wop）は、一九五〇年代にアメリカで流行したゴスペル由来の合唱スタイル。

［4］ポール・アンカ（Paul Anka, 1941–）は、カナダ出身のシンガー・ソングライター。代表作に《ダイアナ》、《マイ・ウェイ》など。

［5］船村徹（一九三二–二〇一七）は、日本の流行歌の作曲家。洋風志向の強かった戦後の歌謡界にあって、日本的な叙情の表現を磨き、演歌の形成に寄与した。代表作に《王将》（一九六一年、作詞：西條八十、歌：村田英雄）、《矢切の渡し》（一九七六年、作詞：石本美由紀、歌：ちあきなおみ、一九八三年に細川たかしらに競作された）など。

［6］科研は、日本の研究者の研究発展を目的とする、文部科学省主導の研究費助成事業のこと。

めるぞみたいに思って授業をしました。題材は、文学以外で、学生が関心をもちそうなものなら何でも。彼らはスマートですから、あらかじめ教材を渡してしまうと、すぐにクラスの対策委員[7]が訳文をつくって回してしまいます。これに対抗するにはどうするか。簡単です。即席の教材を選び、当日早朝に印刷する。そうやって教室に「いきなり感」を持ち込めばいい。当時すでに「電子ガリ版」が活躍していて、当日の英字新聞を使うことも可能にしていました。

このやり方は、ほとんどの学生には不評でした。世の中、目的（たとえば単位授受）が設定されると、そこに至る効率が求められ、無駄な努力は軽視される流れができていくものです。大学入試にしても、するほうもされるほうも、スリム化したほうが楽ですから、「文系に数学はいらない」とか「理系に古文はいらない」という話になりがちです。「一芸に秀でた受験生」が魅力的な存在として語られた時代もありました。

私自身はというと、高校の頃から理系にいったらいいのか文系にいったらいいのか、それさえもフラフラして決まらなかった人間です。昔の教育はそういう方向へ学生を導いていたところもありました。「国立一期校[8]」には、全科目の教養を大事にする伝統があって、私が東大を受験したのは「共通一次」の前の時代ですが、東大が独自に作成した一次試験がありました。これは受験生全員に、英数国、さらに理科二科目・社会二科目を加えた計七科目の問題を解答させる制度です。私は科目数は少ないより多いほうが得なタイプの学生だったので、その恩恵を被って合格したんだと思います。

ところが、入学して二年目、志望先を決めなくてはならない。別な大学の理学部を辞めてまで、東大文三を受験し直したんだから、志望先くらいはっきりしているべきでしょうが、ダメでした。最終的にアメリカ文学を選んだのは、現代の——七〇年代初頭の話です——アメリカ文化には惹かれるし、小説が英語で読めるようになるくらいの修行はしてみたい、と考えたからです。ロックとカウンターカルチャー[9]のイデオロギーには染まっていましたから、企業なんぞに就職することだけは避けたいと思った。とはいえ、大学院に進むとなると、それなりの覚悟は必要になります。

トマス・ピンチョン[10]を修論のテーマに選んだとき、専門家を目指さない生き方をまっとうする覚悟を決めたとは、とてもいえません。七〇年代、モラトリアム世代の典型として「結果を先送りしたい」という気持ちだったのでしょう。「百科全書的」と呼ばれ、壮大な観念が絡まり合う誇大妄想の世界はいかにも楽しそうでした。この作家と付き合っていくなら、いわゆる文学のアカデミアのいかめしさから

---

[7] 東京大学教養学部（一、二年生）の（履修外国語によって分かれた）クラスでは、過去問を共有したり試験対策用プリント（「シケプリ」）を用意したりするために、科目ごとに試験対策委員（「シケタイ」）を決めていた。

[8] 全国の国立大学を、三月上旬に入試を行う一期校と、三月下旬に入試を行う二期校に分けて二度の受験機会を与える制度は戦後間もなく始まり、センター試験の前身である「共通一次試験」が導入される一九七〇年代末まで続いた。「旧帝国大学」はすべて一期校。

[9] ベトナム戦争が泥沼化していく一九六〇年代後半のアメリカでは、中流家庭の若者を中心に、既成社会の価値観を否定して、〈システム〉から積極的に落伍し、幻覚剤やロックのサウンドを通して、快感に浸るライフスタイルが広がった。自然への回帰をテーマに、長髪のヒッピー（フラワー・チルドレン）が無計画なコミューン生活に惹かれていった「逆行文化」をカウンターカルチャー（counterculture）という。サイケデリック・アート、アンダーグランド演劇、エコロジー思想、東洋思想、神秘思想、新興宗教の動きとも結びつきながら、ヨーロッパ先進国や、一部日本にも飛び火したが、一九七〇年代半ばまでにはほぼ終息する。

[10] トマス・ピンチョン（Thomas Ruggles Pynchon, 1937-）は、現代のアメリカ文学を代表する小説家。多くの分野の知識を織り交ぜて書き進める作風は「百科全書的」と評される。代表作に *Gravity's Rainbow*（1973,『重力の虹』佐藤良明［訳］）、*Mason & Dixon*（1997,『メイスン&ディクスン』）柴田元幸［訳］）など。

自由でいられるんじゃないだろうかと呑気に考え、あまり不安は感じませんでした。もちろん、現実において、その決意は無謀であって、修論でも、その後フェローシップを得てアメリカでの研究を許された一八か月間も、結果は出ないし、将来への光明も見えてこないというありさまでした。

それで就職も留学も許されたのですから、ずいぶん甘やかされていたわけです（笑）。でも、その種の甘やかしは、教養知にとっての必須の「緩さ」の表れだったのであり、その「緩さ」は同時に、若手の研究者を広い世界へ駆り立てる「鞭」でもあったと、いまになって思うのです。この留学というより「遊学」の期間、私は元ブラック・パンサーの活動家と同じアパートに住み、彼らの目から見るアメリカを一緒に経験することもできました。

その一方で、翻訳作業を通して、グレゴリー・ベイトソン[11]の思考世界を体験しました。ベイトソンは人類学、精神医学、言語と非言語コミュニケーション、生物の進化といった、生命現象のパターンが卓越する領域に、手づくりの極めて精巧な思考を持ち込むことで、深くて広い影響を与えた人物です。学問といえば、領域やカテゴリーを分別し、無矛盾性を徹底する思考が要求されると普通考えますが、それに対して、ベイトソンは複眼的で循環的な思考をしないと、事の本質を見失う領域が、文系理系の違いを越えて広がっていることを示しました。

主著『精神の生態学（*Steps to an Ecology of Mind*）』（ベイトソン二〇〇〇）は、一九三〇年代以来、専門を構えず、さまざまな対象を相手に、ひたすら思考の方法と形式を磨いてきたベイトソンの一生の領域横断的な格闘の跡を、一冊の書物に収めたとてもリッチな書物です。その思考法を日本語で伝えることに三〇代の私は一所懸命でした。当然、時間がかかります。一般社会で「翻訳」と呼ばれることとは違った仕事に引き込まれるのを感じていました。四〇歳になってやっと納得のいく個人訳を出すことができました[12]が、そのときまでに、トマス・ピンチョンについての学習は、だいぶおろそかになっていましたし、自分のアイデンティティもかなりあやふやなものになっていましたが、倒錯した楽天主義者である私は、そこにプライドを見出そうとしたようです。ベイトソンやピンチョンのような、専門を設けない、超広域の知のフィールドを渡り歩く人間を師として自分は学んでいる、と思いたかったんでしょう。飛び抜けた才能もないくせに、脱専門を志向するそんな軽はずみな研究者が、大学で重宝されることがあるでしょうか。

それがあったのです。私は、そこに引き込まれ、あろうことか、それに生き甲斐――「ゆえに吾あり」――を感じるほどになってしまいました。

[11] グレゴリー・ベイトソン（Gregory Bateson, 1904–1980）は、イギリスの遺伝学者ウィリアム・ベイトソンの子で、のちにアメリカに帰化。人類学者として出発したが、サイバネティクスやシステム理論との出会いから、人間と生命世界のコミュニケーションの形式について、視野の広いアプローチを展開。統合失調症の病因論であり治療論である「ダブルバインド仮説」は、西欧近代の知に対するオルタナティブな方法の実践として、精神医学の領域にとどまらない文化的影響を及ぼした。

[12] ベイトソンの翻訳は『精神と自然』（*Mind and nature*, 1979）の拙訳刊行が一九八二年（思索社）。その後、主著 *Steps to an ecology of mind*（1972）の訳書として、『精神の生態学 上・下』（一九八六・一九八七）が思索社より刊行、佐藤単独訳による一冊の『精神の生態学』（一九九〇）を経て、新思索社より改訂第二版（二〇〇〇）が刊行された。

4　東大駒場の英語改革

四一歳のときのことです。移って間もない東大駒場の教養学部で、大規模な英語教育の改革をやることになり、チームが編成され、私もその一員に加わります。[13] 当時東大駒場の「英語教室」には四〇名ほどの専任教員がいましたが、多くは、旧制一高以来の伝統を受け継ぐタイプの英文学者でした。[14] マルチメディアの大型予算を組み、学年統一の教材での一斉授業を行うというプロジェクトに駆り出されたのは、三〇代、四〇代の若手です。文学、英語学、英語教育を専門とする八人ほどの集まりでした。

私はあとから加わったのですが、はじめは普通のワーキング・グループでした。それが、大学という場では極めて珍しい仕事の渦をなしていった様子は、『これが東大の授業ですか。』[15]（佐藤二〇〇四）という本に思う存分書かせていただきました。

専門家を目指さなかった私にとって、東大の教養教育を世間にアピールするプロジェクトに関われるというのは、神様に拾われた思いでした。もちろん一人でできることではありません。旗を振ったのは私ですが、プログラムのエンジンを柴田元幸さん[16]が担ったことが、かなり決定的でした。彼はアカデミックな空論や時間の無駄を嫌い、翻訳であれなんであれ、具体的な成果を積みあげることしか関心のない仕事人で、そういう人がいたことで、私たちのプログラム〈英語Ⅰ〉は軌道に乗ったわけです。リーダー教材のうたい文句は「文Ⅰから理Ⅲまで」、全教科に関わる、広い読者の関心をそそるような読み物を探してこよう。そしてリスニングを鍛えるために、各課の内容に関連する自前のリスニング教材をつくろう――このかけ声に、グループから異議があがることはありませんでした。

事実に簡単に触れておきますと、全学年統一教材・同時一斉授業の〈英語Ⅰ〉は、一九九三年度に始まり、教材を刷新し、授業形態を改良しつつ、『The Universe of English』（一年生用）（東京大学教養学部英語教室 一九九三）と『The Expanding Universe of English』（二年生用）（東京大学教養学部英語教室 一九九四）およびその（全章を入れ替えた）後継のテクストを用いて一三年続いたのち、制作グループが交替して『On Campus』（東京大学教養学部英語部会 二〇〇六）と『Campus Wide』（東京大学教養学部英語部会二〇〇六）という名の教材でさらに七年、そして二〇一三年以降は、科目名も〈教養英語〉に代わり、教科書も『東京大学教養英語読本Ⅰ・Ⅱ』（東京大学教養学部英語部会二〇一三）と改名して、やや縮小した形ながら、専門書ではなく、かといって反知性的な会話志向に流れない、一般の、幅広く興味深い書籍からの抜粋を基本とする自主制作の英語教材での授業が、駒場キャンパスで続いてきました。

---

[13] 東大教養学部では一九九三年以来、必須として課される英語二コマのうち一つを、「制作班」の教員が準備した統一リーダーと統一ビデオを教材に、統一演習問題をつけて「運営班」がＴＡの助けを得ながら、映像と音声を使った学年一斉の授業を進める形式の授業〈英語Ⅰ〉を二〇年にわたって継続した。現在も統一のリーダー教材「教養英語読本」を使った〈教養英語〉と呼ばれる授業が続いているが、リスニング用ビデオは制作されていない。

[14] 一九九〇年の東大教養学部英語教室の専任教員は、外国人教員数名を除いて四〇名ほど。そのうち、英語学、アメリカ文学、比較文学が専門の四名の女性教員がいたが、大半を占めたイギリス文学専攻の先生は全員が男性で、特にロマン派文学に傾倒した学者が多かった。

[15] 筆者が前述の〈英語Ⅰ〉の統括を降りてから、準備段階からのほぼ一〇年間を振り返って、リーダー教材の編集、ビデオ教材の制作、毎回の授業の仕出し、音声テープ配布などの学生サポート、試験問題などを含む授業の全貌を、資料と共に明らかにした私的メモワール。

[16] 柴田元幸（一九五四-）は、日本のアメリカ文学者、翻訳家、文芸誌『モンキー』編集長。東京大学での二五年の教員歴（早期退職後の「特別教授」を除く）をもつ傍ら、現在までに約一五〇冊の翻訳書を刊行している。

たとえば一九九四年に始まった二年生の夏学期の各回の授業は、『The Expanding Universe of English』を使ってこんなテーマで行われました。①だまし絵画家M・C・エッシャーのエッセイ「無限へのアプローチ」、②学術論文の書き方、③歌づくりにおける上手なメタファーの使用法、④「民主主義は数学的に健全か？」（ゲーム理論入門）、⑤カオス理論の考え方、⑥内視鏡の歴史と現状、⑦シンドバッドの物語の深層心理（ブルーノ・ベッテルハイムによる精神分析入門）、⑧DNAとRNA（細胞分裂と遺伝的コード）、⑨失語症の世界（オリバー・サックス著）、⑩「杖で見る」（盲人にとっての世界）、⑪「人はなぜ喫煙、飲酒、ドラッグに走るのか」（ジャレド・ダイアモンドによる進化論的説明）。だいぶ理系よりで、理論を扱うものが多いですが、冬学期には「マディスン街の成立」（広告産業）、「パンクとプレッピー」（若者風俗）、ビッグ・マックの容器の進化（ヘンリー・ペトロスキー著）など、若い受講者を想定した文化・社会の題材を多く入れています[17]。

現在使われている『東京大学教養英語読本Ⅰ』のまえがきに、「東大生が学ぶべき英語のスタンダードを示し」、「知的な常識として持ってほしい教養のスタンダードも示そう」と書いてあります（東京大学教養学部英語部会二〇一三：v）。二五年前に、私たちが統一授業を立ちあげたとき以来のスローガンですが、これには明確なアンチテーゼがありました。すなわち、難解な古典の訳読授業。同じまえがきから引きますと、「シェイクスピアの劇があったかと思うと、メルヴィル、ディケンズなど癖の強い小説家の作品もある。ジョージ・スタイナーの難解な文明評論、そしてバートランド・ラッセルの人生論ならまだしも、ホワイトヘッドの晦渋な哲学テクストまでそろっていた[18]」（東京大学教養学部英語部会二〇一三：v）。

編者代表としてこれを書いている山本史郎さんは、ディケンズの研究やトールキンの翻訳などで知られる英文学者です。彼と一緒に編纂・補注作業の中心になった河合祥一郎さんは、現代日本を代表するシェイクスピア演劇の推進者ですし、若手の武田将明さんは、一七世紀英文学の俊英として着々とすばらしい仕事を重ねています。この人たちが、ご自分が最も得意とされる分野を「特殊」、「難解」、「晦渋」として退け、普通の英語で書かれた、普通の学生の関心を普通に呼び起こすであろう文章を広くかき集め、誰が使っても授業がうまく進行するよう編集・補注する仕事を、本務校の教育義務の一部として引き受け、こなしたということです。

山本さんの批判にみる過去の英語の授業――これはもう昔日の話でして、現代の中堅の年齢層の先生は、すでにその実態をご存じではないかもしれません。ただ、日本の英語教育には、黒船来航に始まる

[17] このうち、フロイトの深層心理学の考え方を子ども向けの物語の分析に活用した（『昔話の魔力』（原書：一九七六）など）ベッテルハイム（一九〇三－一九九〇）は、〈英語Ⅰ〉で扱う著者としては、旧世代に属する。医療ノンフィクション作家として日本でも人気の高いサックス（一九三三－二〇一五）や、『銃・病原菌・鉄』（原書：一九九七）など、人類の文明全体を見通す啓蒙書で知られるダイアモンド（一九三七－）、鉛筆や爪楊枝など、日用品を題材にした考古学を展開するペトロスキー（一九四二－）のような作者は、その平易で緻密な英文を含め、英語Ⅰ制作班にとっての「教養」を体現する、ありがたい書き手だった。

[18] ハーマン・メルヴィル（一八一九－一八九一）は、超大作『白鯨』で知られる一九世紀アメリカ文学の泰斗だが、彼の文章が、そのまま私立大学の入試問題に使われるケースもあった。バートランド・ラッセル（一八七二－一九七〇）は、社会批評家として一般向けのエッセーも多く残しているが、もともと数理哲学者であり、アフルレッド・N・ホワイトヘッド（一八六一－一九四七）との共同で二〇世紀論理学の重要書『プリンキピア・マテマティカ』（原書：一九一〇）を著している。現代哲学に通じた若き文芸評論家ジョージ・スタイナー（一九二九－）が教養学部の英語教材になったというのも、英語を読むなら、当代最高の知性を吸収するくらいの意気込みがあってしかるべきとする、近代日本のエリートの伝統が生き続けていたためだろう。

歴史があります。西洋文明移入期には、当代最高の知性に向かって必死になって背伸びをしていく授業が、国の自治を守るために繰り広げられた。それが、「ジャパン・アズ・ナンバーワン」などといわれる時代を通して、国益にかなわなくなってしまった。近年の日本の産業界の中心をなしているのは、大学の脱エリート化が大きく進行した時代（一九六〇–七〇年代）に、時代遅れの古典訳読授業をやらされた世代です。英文学や英文法に恨みを抱いていて不思議はありません。

5　日本の英語、苦闘の歩み

しばらく、過去の話をさせてください。

私が東大に入学したのは、一九七一年で、四年制大学の進学率は、総理府の統計[19]によると、すでに一九・四％（三五万人強）になっていました。一八歳人口がほぼ同数だった一九五九年の大学進学率は八・一％にすぎなかったので、その一二年の間に大学の新入生の数は一五万人から三五万人へ、二〇万人も増加したという計算になります。仮にその学生全員が教養課程の二年間で六コマの英語を履修した——駒場ではその時代、一〇コマ以上でした——と考えると、四〇人サイズのクラスが一二年間に三万コマ増えたという話になります。これを専任でまかなうには、一人六コマをノルマとして、五千人増員しないといけないという話です。入学者の減少は、全国の大学でいま切実な問題になっていますが、それよりずっと急激なペースで入学者が増えるというのも恐ろしい話ですね。かつて日本の英語・英文学の研究者の数は（短大や高専の先生なども含めて）、二万に迫る数だったと聞きましたが、それだけの数の先生を、何を基準にどこから呼び寄せたのか。それらの方々は、どのようなアカデミックな修養を積まれ、どのくらいの英語運用能力をもっておられたのか。手元に資料はありませんので、悪趣味な詮索はやめにします。

この国では、いったいどのくらいの人に英語を教える自由が与えられているのでしょう。文部科学省（以下、文科省）が発表した二〇〇七（平成一九）年の統計（推計値）ですが、中学校の英語教員が三万一四八七人、高校で二万九二五五人。[20]海外から招いた外国語指導助手（ALT）が（二〇一七（平成二九）年の統計で）一万八四四六人。[21]これに塾や予備校や家庭教師、教育ジャーナルの「赤ペン先生」等が加わるわけです。学習参考書や会話教材の出版社でも、多くの人が執筆やチェックに関わっています。小学校でも英語教育です。文科省が発表した「平成二九年度、英語教育実施状況調査（小学校）の結果」には、外国語活動を実施している先生（非常勤、特別非常勤を含む）の数が七万三八〇一人と記されています。[22]「幼児相手の英会話なら、私にも教えられる」と考えている主婦の方も多いというのもうなずけます

[19] 内閣統轄下の行政機関・総理府（一九四九-二〇〇〇）が、国勢調査のために行った統計調査。
[20] http://www.mext.go.jp/b_menu/shingi/chousa/shotou/082/shiryo/__icsFiles/afieldfile/2011/02/18/1301726_03.pdf（最終閲覧日：二〇一八年七月二五日）
[21] http://www.mext.go.jp/component/a_menu/education/detail/__icsFiles/afieldfile/2018/04/06/1403469_05.pdf（最終閲覧日：二〇一八年七月二五日）
[22] http://www.mext.go.jp/component/a_menu/education/detail/__icsFiles/afieldfile/2018/04/06/1403469_04.pdf（最終閲覧日：二〇一九年一月七日）

ね。

英語教育にともなってお金が動きます。月謝、月給、受講料ばかりではありません。文科省は、いったい英語教育のために年間どのくらいの予算を費やしているのでしょう。でも日本人の英語力は、頑として動かない。「受験英語」とか、「TOEIC」[23]とか、「子ども会話スクール」とか、専門化し、特殊化した英語の伝授ははびこるけれども、国民の英語の力は伸びていかない。伸びていく学生はいます。社会人の方のなかにも、一念発起、ぐんぐん力を伸ばしていく方がいますし、学校の先生も、日々の激務に加えて英語検定試験やTOEICの対策を練って、全体として徐々に点数を伸ばしているという様子は、個別に接してみると、伝わってきます。

しかしそれらは個人が頑張っている結果であって、国としての取り組みや、会話スクールの隆盛が、日本人の英語力の向上につながっているということではありません。文科省だって努力はしているのです。在野に目を向ければ、志の高い企業も少なくありません。堅実な受講者に辛抱を要求する堅実なコースを運営し続け、日本人の英語の使用者を増やしてきた会社のスタッフの長年のご苦労には、頭の下がる思いがします。学習環境も一変しました。動画配信サイトで手軽に生の英語を学べるようになってからもすでに一〇年以上経っています。iPhoneで知的な女性ボーカロイドSiriと会話することもできます。私が学生のときからしたら夢のようなこの環境を日本の学習者が活用しているかといえば、どうでしょう、まったく無駄にしていないでしょうか。不思議なのは、そのことを残念に感じる日本人の少なさです。中・高・大学と一〇年も英語を勉強して全然しゃべれないんだものなあ、と言ってぼやく日本人は多いですが、それでもみなさん、幸せそうです。

6　英語の受け皿

言語習得においては、基礎の部分の学習が非常に重要です。日本語と英語は、建てつけがたいそう異なっているので、英語習得においては「英語の受け皿」をどのように育んでいくのかが決定的に重要になる。

これはかなりハードルの高いことですよね。生徒は、日本語の受け皿しかないわけですから、何を教えても、その受け皿に乗せるしかない。たとえば a, the, some, any といった語は、日本語の受け皿に、それに対応する語がないので、うまく乗りません。そのため、日本の学校で英語を学ぶと、ごく習い始めの段階で、不適切な導きを受けてしまうことが多いのです。でも、一番の基礎の部分を、教える側の都合で、事実に反することを吹き込んでしまったら、受け皿がいびつになってしまいます。

ところで言語習得の「受け皿」などというものについて、私たちは何を知っているというのでしょう。日本語のなかで思考している私たちにとって、ネイティブの英語話者が無意識に依拠している論理構造について云々することが、はたして可能でしょうか。

いいえ、何も難解な話をしようとしているわけではないのです。たとえば some と any を教えるとし

[23] TOEIC は Test of English for international communication の略。英語圏の労働環境で最低限役に立つコミュニケーション能力の測定を目的とするもので、対策としては基本的な言い回しをとにかく覚えることにつきる。就職の必要にかられた学生は、この試験の点数をあげる訓練を大学に求める向きもある。だが、「教養の香り」のないところで、英語力だけみれば幼児でしかない大学生に、英語圏での単純労働への適応を強いるのは、教える方も教わる方も味気ない思いだろう。

ます。

図1-1を見てください。

これら三つの文(図1-1)を教えようとすると、「some は肯定に使い、any は否定に使う」と教え、それで話を終わらせたくなりますよね。

実際、日本の教室では、そうしたかなり強引な規則づけが横行し、英語の実際から学習者の目をそむけさせてきたところがあります。何がいけないかというと、問題は認識論に絡んできます。「三角形とは何か」という問いに対しては、できるだけ簡潔に答える必要がありますし、「玄武岩」についても同様です。しかし言葉はソフトな思考対象です。「some とは何か」という問いにスパッとした解答はありません。図1-2を見てください。

図1-1と違って、これらの文は、状況を考えないと意味をなしません。学生たちは「言葉+文脈」がつくる全体を考えることへと導かれます。個別的な状況が思い浮かぶことが、英語学習においていかに大事か。それぞれの単語の一般的な意味を覚えても仕方ない――そのことがわかることは、教養にとって重要なステップです。

● There are some apples here.	ここにはリンゴがあります。
● Are there any oranges?	オレンジはありますか。
● No, there aren't any oranges.	いいえ、オレンジはありません。

図 1-1　some や any を含む三つの文

(a) Coffee?	「コーヒーが」ほしいかどうか聞く場合
(b) Some coffee?	「コーヒーほしい?」と聞く場合
(c) Any coffee?	「コーヒーいらない?」と聞く場合

図 1-2　some や any の有無による微妙な違い

「(a)と(b)と(c)とで、どう違うんですか?」という質問がきたら、「コーヒーを勧めてることに変わりはないから、同じです」と答える。実際、違わないんです。「どれでもいい」、「どうでもいい」というと、「そんないい加減なことでいいんですか?」と思われそうですが、「いい加減である」ことこそ、言葉の基礎部分の育成に重要なんです。それを「細かな違いにこだわらないリベラルな心」と言い換えてみましょう。リベラルな心は、教養《リベラル・アーツ》の学の基本です。厳密さにこだわってキリキリしないこと。言葉の意味は、字句の枠を超えた流動性をもつこと。教養を愛する人はそういうことを知っています。生徒たちにも、教えてよいのではないでしょうか。

知性には複数の種類があることを示すのも、教養の実現に資することだと思います。一方に、区分けと分析に基づく専門家の知があるとすると、もう一方に、区切りを無にして「どのように同じか」を問う、メタファーとアナロジーによる、幅広《リベラル》な知がある。

「some coffee」と「any coffee」と「ただの coffee」の間に、どのような微妙な違いがあるかを、論文において解き明かすのは専門家の仕事であって、そうした専門知の価値はもちろん高いと思います。ただ、そうした知を、厳密な専門用語から救い出して、教室の場に活用するのが教養です。「教養」には、どれだけ易しく語れるかという「技」が含まれます。「コーヒーを注ぎ足すときに、Any more coffee? と尋ねると、「もういらない?　まだいる?」という感じになりがちだからSome more coffee? と言うほうがポライトになると感じる人もいますよ」と説明すれば、生徒の理解は一歩前進するでしょう。英語的発想の根底で、観念とフィーリングは渾然一体となっているので、そこに埋もれている規則を、一発で伝えようとしても無理で、「一歩前進」を積み重ねていくしかありません。「単に More coffee? と言うだけでもいいけれど、あんまり more をはっきり言うと「もっと飲むの？」みたいな表現になってしまいがちなので、more を抑えて、Some more coffee? と言う人が多いのかもしれない」という解説も妥当でしょう。

some や any のような機能をもつ言葉を、英語圏の文法では、以前から determiner（限定詞）というカテゴリーに分類しています。名詞を口にするときに、英語では、なかなかハダカにせずに、その前にちょっとしたキャップのようなものをつけて、そのありようを具体化するんです。a, the, this, that, my, your, no, little, few, one, a few, quite a few, millions of, a tremendous amount of などなど、限定詞とみなせるものは、たいへん幅が広い。

これらたくさんの限定詞のうちから some や any が選ばれる心理を感じ取れるようになれること、これは英語を使いこなすうえで重要なスキルなので、英語学習の最初の数年でぜひとも習得したいものです。

ところが一方、some のような基本概念は、無意識のうちに働いて、英語話者の意識的な言語活動を支える土台となるものですから、専門家の分析的思考にかけてみても、なかなか把捉するのは困難なんですね。

7　英文法は論理と心理の出会いの場

文法は、言葉が私たちの思考を構造づける、その基礎をなすものです。文法は無意識に機能するものであり、それを意識の俎上に載せることは、ある意味、不自然な営みです。ご自分がしゃべる日本語の、すべての「が」と「は」を、意識して使い分けようとしたら、話すことがとても難しくなるでしょう。無意識で活動する文法は、鋭い分析によって突き刺すようなものではなく、パターンとして、浮かび上がらせるものだと私は考えています。そのパターンは茫漠としていますが、同時に数学的な論理の支配も受けているようです。

複数の存在を、全肯定――部分肯定――全否定する場合を考えてみましょう。

全体が二つの場合なら、両方肯定するか（both）、両方は肯定しない（not both）か、どちらかを肯定するか（either）、両方否定するか（neither）、いずれかになります（表1-1）。

これに対し、ある一定の数や量が存在する場合、全肯定 all と全否定 no の間に、some という「一部」を肯定する指標が入り込みます。ある一部を肯定する、ということは、同時に残りの部分を否定することにも通じますから、some は no の否定であると同時に all の否定でもあります。では some の否定は何でしょうか。all も「全部」を主張して some を否定しますし、no も「全然ない」と主張して some を否定します。逆にいうと、some の否定は all でもあり no でもある。これは概念として成り立たないので、人はふつう "not some" を口にしません。"There isn't some water." も "I don't want some coffee." も英語文としておかしい――というか、そういう思いが心に浮かばないわけです。

表 1-1　全体が二つの場合

	両方肯定	片方肯定	両方否定
する	both	either	neither
しない	not both	neither	either

some がもたらす「部分的存在感」を否定するのは、全否定ですから、これは not any で表現します。「部分肯定の否定」は「全否定」。では「全否定の否定」は何でしょう（表1-2）。

全否定を否定すること。ここに any の働きがあります。not any = none であるとき、not none = any です。単純明快ですね（図1-3）。

Are there any hotels? という質問は、「ホテルがないことはないですか?（一つでもありますか）」という意味になるわけです。

いかがでしょうか。ここまで、話は一応、論理的に明快にいきました。でもここで話を終わるわけにはいきません。言葉は、世界を明晰に分節化し、表意する機能ももっていますが、それとは逆の機能ももっています。はっきりさせたくないことを覆い隠す、「表意」に対していわば「陰意」の機能です。全でも無でもないその中間を意味

表 1-2　ある一定の数や量が存在する場合

	全肯定	部分肯定	全否定
する	all	some	no
しない	not all	not any = no	any?

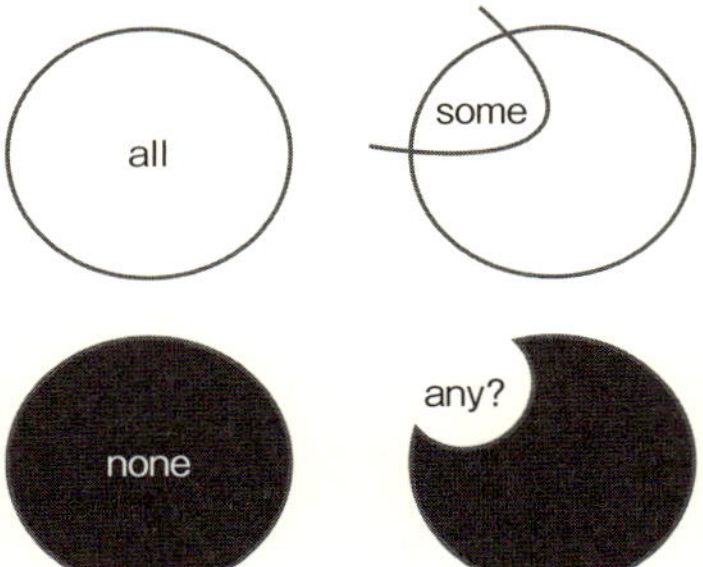

図 1-3　some と any

表 1-3　強い some と弱い some

	ひとつ	ある数	ある量
明　確	one apple	some apples	some apple
曖　昧	an apple	s'm apples	s'm apple

するsomeは「一部」を表意する働きとともに、明確に表現することを避ける（日本語で多用される「ちょっと」に似た）働きがあります。「部分」を明確に現す場合もあれば、「現すこと」に翳りを入れる用法もあるといえるでしょう。以下、二つの異なった働きをもつsomeを、その発音の強弱によって、表記し分けることにします（表1-3）。

強いsome［sʌm］と弱いsome［s(ə)m］の使い方を確認してみましょう。弱いsomeの母音は曖昧化して、聞こえないことも多いので、これからそれを、s'mと表記することにします。

'Some apples are here.' と言った場合は、「全部でなく一部の」というsomeの意味が前面に出るので、「別のリンゴがどこかにある（Not all apples are here. Some are elsewhere.）」ことを含意します。ところがs'mはそのような含意をもちません「一部」という集合のイメージも、数の多少も含意しない。まさに「複数形の不定冠詞」のように機能するのです。

次に、**強いsome**は弱気な言葉、**強いany**は強気な言葉、という点も押さえておきましょう。

「ない」と言われてもなお食い下がるのが "not any?" ですがそのanyを肯定文に使うと、「どんなものでも！」という強気のニュアンスが出ます。他方、「存在する」といいつつ「全部じゃない」と制限するsomeは、どうも弱気になりがち

● There's some water here, but this is not enough, is it?
（水はここにある程度はあるけど、これじゃ足らないよね？）

● Any amount will do!（どんな量でも大丈夫だって）

図1-4　強いsomeと強いany

です。somewhat（いくばくか）という言葉には、そんなsomeの「遠慮感」が現れています。情報をぼやかすときも、sometime（いつか）、somewhere（どこか）……とsomeを使います（図1-4）。

その一方で、強く強調したsomeは、He is really somebody.（本当に大したやつだ）というように、nobodyを否定して、対象の存在を膨らませる働きもあります。

8 実技の厳しさ、知識の甘さ

英語の土台について説明しようとするといかにたいへんなことになるかお話ししようとして、わけのわからないお話をしてしまいました（笑）。

私自身は、英語の土台をどのように育てることができたのか、お話しさせてください。

中学に入るとき、誰から聞いたのかは覚えていませんが、ラジオの「基礎英語」をやれば学校の勉強はいらない、と教えられたことがあります。四月いっぱいかけて、すべての発音記号とその発音を学ぶことをすませた頃、私は「ほんとだ、学校の勉強はいらないや」と思うようになりました。このときの直感が、私の英語との付き合い方の出発点になっています。日本の学校を中心に行われている英語教育活動の全体を余計なもの――なんだか形をつくろっているだけで英語そのものに触れようとしない臆病なもの――であるかのように感じる思春期の少年が、私のなかでずっと生き続けていたように思うんです。

高校のとき、交換留学生の試験に通って、アメリカ南部の私立高に、ホームステイ先のお宅から通うことを許されました。入学時の九月に、English（毎日短編の課題を論じながら、アメリカ文学史上の主要作品を一〇冊ほど読んでいく、まるで歯が立たなかった授業）以外、教科書は時間をかけて読めば何のことが書いてあるかわかるくらいの力はありましたが、そんな程度です。ラッキーだったのは、一九六八年のバージニア州で日本人と話すことは皆無、国際電話も法外な料金だったために、私の日本語は、完全に英語に包囲されたということです。いわば完璧なイマージョン（英語漬け）という環境に恵まれたのでした。

自分のなかに、何かしらの変化が起きたことを感じたのは、新学期から三か月ほど経った晩秋のことでしょうか。運動部に入ってしばらく練習すると、なんとなくパスやドリブルがスムーズにできるようになる――そんな感じで、自分に向けられた英語のパスを受け、下手でもなんでもパスを返すみたいなことが、それほどつっかえずにできるようになったのが実感できました。三か月というと、一日一二時間英語漬けになったとして、だいたい一〇〇〇時間という計算です。途切れのない一〇〇〇時間のイマージョンは、英語習得の土台をつくるという感触を私はもっています。そしてまた、英語の土台をなす知は、意識の届かない「暗黙知」であるという実感が、私にはあります。

いま申し上げた「一〇〇〇時間」というのは、英語を身につけるための地ならしにかかる時間で、すべてはそれからです。テレビ番組や映画が楽に聞き取れるようになるまでには、それから何年にも及ぶボキャブラリーと文化的知識の増強訓練が必要になるでしょう。「英語ネイティブ」といわれる人も、六歳でほぼ完璧なリスニング・スピーキング能力をもってから、知的な大人の英語能力を身につけるのに、小・中・高・大学と、一六年に及ぶ英語イマージョンを経験しているわけですよね。

英語ができるようになるためには、英語のカラダを身につける必要があること、これはスピーキングやリスニングに限ったことではありません。普段洋書と接していらっしゃる研究者の方々は、大学院の頃、やはり一〇〇〇時間、二〇〇〇時間……と英語の専門書を中心とした読書を続けているうち、こういう形式と内容の文であればスラスラ読めるという自信をつけた経験をおもちでしょう。そのとき何が起こったのか、考えてみてください。たしかに語彙も増えました。しかしより重要なことは、何万もの英文が、その意味とともに頭を通り過ぎていくうちに、あなた自身の思考が、英語式の情報伝達の形式になじんだことによるのだと思います。

9　英語には〈構文〉が一つある

英語式の情報伝達の形式、これは俗に「構文」とも呼ばれるものです。英語において、文というものは、メインとなる動詞や動詞句を中心として、その前に「主語」を置く構造をしている。つまり〈ＳＶＸ〉の構造があらゆるところにはびこっている。Ｘのあとにつづくものは、いろいろ分類できそうですが、とにかくＳＶＸに反応し、これに＋α——副詞句のような、文の根幹に二次的情報を与える部分——がつく。この大きなパターンに対する備えが、あなたのマインドに育ってきたということが「英語を楽に読める」実感を生むわけです。

〈SVX＋α〉、これはすべての英語文を完結させる、英語の普遍パターンです。フランス語やドイツ語では、このパターンは一部変奏されますが、基本的に変わりません。ところが日本語は、これに相当する「構文」をもっていないのです。日本語は構造によって意味をつくる言語ではない。情報をつないで、寄せ集めていくタイプの言語です。英語の I love you. を日本語に直訳すると「わたしはあなたを愛します」になることなどを理由に、日本語が「SOV」の構文をもつと考える人が言語学者にもいるようですが、日本語は「が」や「を」などの小辞が活躍して、各要素を細やかにつないでいく言語で、語順が意味を決定するようなことは、ほとんどありません。

英語の文型は〈SVX＋α〉、これ一つです、などというと、この国で英語を学んだすべての人から疑問と反論が湧くことでしょう。「自動詞と他動詞の区別はどうするんだ」、「目的語と補語は違うだろう」、「目的補語こそ構文理解の最重要項目なんだぞ」云々。

それはそうなのですが、英語を習得するために、「文型の区別ができること」は単なる前段階で、その次に、「違いを超えた等しさ」に反応できる訓練が必要になります。分別の知を乗り越えるパターンの思考の獲得——これが単なる専門知を幅広の教養へと押し上げていく。どういうことか説明しましょう。

一般に日本の英語教育では、You make him blue. といった文を〈SVOC構文〉の例として教えます。では You make him feel blue. はどうなのでしょう。これを〈SVOC構文〉と呼ぶ人はいません。この make は使役動詞とよばれ、SVOCの形を習うのとは別の課で習うことになります。しかし同じ make を使い、意味もほとんど変わらないこの二つの文は、やはり同じ形をしている、とみるほうがわ

S	V	O	C
You	make	him	blue.
S	V	X	
You	make	[him blue].	
You	make	[him feel blue].	

図 1-5　SVOC 構文と SVX 構文

S	V	O	O
You	gave	me	flowers.
S	V	X	
You	[gave-me]	flowers.	

図 1-6　SVOO 構文と SVX 構文

かりやすいのではないでしょうか。

英文法で「ネクサス (nexus)」と呼ばれるものがあります。［him blue］や［him feel blue］といった文のような形をした句をいいます。図1-5に、いま挙げた二つの文が、どのように同じ形をしているのかを示しました。

考え方としてはこうなります。

①どちらの文もＳＶＸ構文をなす。
②Ｘは、全体として動詞 make の目的語をなす。
③Ｘの内部で、him は blue および feel blue の主語である。

次のように考えても構いません。

（a）He is blue. という be 動詞文全体を make の目的語にするには、be 動詞を落として、he を目的格 him に変える。
（b）He feels blue. という文全体を make の目的語にするには、動詞 feels を原形にしたうえで、he を目的格 him に変える。

英語に五文型あると教わって害にはなりませんが、さらに深いところに、一つの文型SVXがあるのだという信頼感を育むことは、英語を時間のなかで処理していくリスニングの現場でも大いに役立つと思います。SVOO構文にしても、「動詞のなかには、give や buy のように「誰に」という部分を加えて［give me］［buy me］となってもなお、それ全体をVとして目的語とくっつこうとする動詞がある」と教えるほうが、実技に即した文法となるでしょう[24]（図1-6）。

SがVと接続し、Vが種類を問わずXとくっつこうとする、その自然な運動を自分の心に許容することが、英語に慣れることだと私は考えています。

「決まりをきっちり教えることが英語教育だ」という伝統が、この国には長らくありました。いまその伝統は、「決まりなんか教えるからいけないんだ」といった、ややヒステリックな意見によって脇にのけられようとしています。どちらも性急な考え方ではないでしょうか。もっと辛抱強く、「最初は複雑にみえた決まりが、どんどん単純に感じられてくる」まで、英語に深入りすること。それを強いる教育が必要です。

10　英語の専門家という人たち

ところで、日本の大学で英語の授業を担ってきたのは、どういう専門の人たちだったのか、研究

［24］放送大学で二〇一七年に開講された「英語事始め」の教材（佐藤・大橋 二〇一七）は、この方針に沿って執筆された。

社刊行の『英語年鑑』(「英語年鑑」編集部)という人名録を覗いてみたいと思います。手元にあるのは、二〇〇〇年一月刊行のもので、去ってしまった時代のものですから、過去形でお話しします。この号では、「英語学・英米文学関係教職者(専任)およびこの方面の研究者」を、ほぼ三〇〇頁にわたって並べていました。一頁に四〇人として総計一万二千という数の英語の先生が、『英語年鑑』の調査に応じたという計算です。

この方々が参加されていた研究団体一覧というのが、また一般人の想像を絶するもので、総本山である「日本英文学会」をはじめ、「日本アメリカ文学会」、「アメリカ学会」、アイルランド、カナダ、豪州NZの文学研究に特化した学会、そのほか「イギリス・ロマン派学会」、「一七世紀英文学会」、「一八世紀英文学会」、さらには「サイコアナリティカル(精神分析)英文学会」や、「黒人研究の会」というものまでさまざまな専門家グループが参加しており、それらに加えて、シェイクスピア、ミルトンから、アイリス・マードック、ソール・ベローに至る作家名を冠した四〇近くの学会・協会が名を連ねていました。

「文学の専門家が英語を教えたから、大学の授業は役に立たないんだ」という意見が、少なくともかつてはよく聞かれました。この点、現状は変わってきています。

読書だけからでなく映像や音楽を通して物事を学ぶ世代が台頭して、文字だけではなく、〈読み解くべきもの〉全体について考察するというスタイルの学問が広まってきています。私自身、ポピュラー音楽学会や表象文化論学会を自分の居場所としてきました。かつて文学に凝集していたものが、いまはより広範な場に現れている——そのことについては、「文学をうけつぐ知性」(佐藤 二〇〇四:一八三-

二〇〇八）という論考をまとめていますので、ここでは繰り返しません。

『英語年鑑』に登録された先生のうちには、もちろん、文学ではなく英語学を研究されていた方も多くいます。さらに英語教育を専門とする多様な専門の方々もいます。

「言語系学会連合」というウェブサイトがあって、そのホームページに多数の学会のリンクが張ってあってあります。[25]「大学英語教育学会」、「全国英語教育学会」、「全国語学教育学会」……ずいぶんいろいろありますね。

「第二言語習得研究会」や「日本第二言語習得学会」では、われわれ日本人に英語が身につくとはいったいどういうことかという点について専門的な議論が交わされているのでしょう。「英語語法文法学会」「日本英語表現学会」、それに英語の実際の用例を網羅したデータベースの活用を図る「英語コーパス学会」などもあります。学習環境の変化に対応した「外国語教育メディア学会」、「日本メディア英語学会」、「映像メディア英語教育学会」も活動しています。音声を専門的に研究しようとするなら「日本音声学会」だけでなく「日本音声英語学会」に加わることもできます。

これだけの専門家の先生が、これだけの数、多岐にわたる研究と教育に勤しんでいるのに、英語教育に関する国民の不信が一向になくなる兆しが見えないというのは、どうしてなのでしょう。ひょっとして、専門家として英語を研究すること自体のなかに、何か英語教育にとってよくないことが含まれているということはないでしょうか。

---

[25] http://www.nacos.com/gengoren（最終閲覧日：二〇一九年二月九日）

◉ 2004（平成 16）年度センター試験問題 外国語英語（筆記）第 1 問

B 次の会話の下線部 (1)～(4)について、それぞれ下の問い（**問 1 ～ 4**）に示された①～④のうちから、最も強調して発音されるものを 1 つずつ選べ.

《状況》John の誕生日のパーティに行く途中で Zack は偶然 John に出会う.

John: Hi Zack. Where are you going?
Zack: To the party, of course.
John: What party?
Zack: Your birthday party. Nick sent an e-mail message to everyone about it.
John: To everyone? (1)He didn't send me one. He just asked me to come to his house so (2)we could study a bit.
Zack: Oh, no. I should have kept my mouth shut.
John: Oh, I see . . . (3)it's going to be a surprise party.
Zack: Well, (4)it was a surprise party. But now you won't be surprised. I'm really sorry.

問 1	① He	② send	③ me	④ one
問 2	① we	② could	③ study	④ bit
問 3	① it's	② going	③ be	④ surprise
問 4	① it	② was	③ surprise	④ party

図 1-7　センター試験の過去問（2004 年度）

◉ 2006（平成 18）年度センター試験問題 外国語英語（筆記）第 1 問

B 次の会話の下線部 (1)～(4)について、それぞれ下の問い（**問 1 ～ 4**）に示された①～④のうちから、最も強調して発音されるものを 1 つずつ選べ.

《状況》図書館から出て来た Janis と Tom は、雨が降っていることに気付く.

Janis: Oh, no, it's raining. I can't believe it! This is a brand new sweater. (1)It's going to be ruined!
Tom: No, it won't be. Don't worry, Janis. I have an umbrella. We can walk to that store └ over there.
Janis: (2)Walk to what store? Oh you mean the one on the corner?
Tom: Yes, it has cheap umbrellas.
Janis: Oh, thanks, Tom. I'm the only one without an umbrella. Everybody else checked the weather report. (3)Why didn't I check it?
Tom: I never bother.
Janis: But you have your umbrella.
Tom: Yeah, Do you know why? It folds up and fits in my schoolbag.
Janis: That's a super idea! I'll (4)get an umbrella like yours.

問 1	① It's	② going	③ be	④ ruined
問 2	① Walk	② to	③ what	④ store
問 3	① didn't	② I	③ check	④ it
問 4	① get	② umbrella	③ like	④ yours

図 1-8　センター試験の会話文問題（2006 年度）

11　揺れる言語から真理を引き出す

学問は真理を探究します。そして真理というものは一般に、揺るぎないものであることが求められます。一方で人間の言語活動は、時間のなかで、感情と共に強弱のメリハリを揺らしながら進行するものです。「不動」であることが正しさを担保するという性質をもつ学問的知見と、時間軸上を揺れ動く音声現象とがぶつかりあうところに、音声学や音韻論という学問の危うさと面白さがあると、私自身は考えています。

具体的にお話ししましょう。[26] このごろあまり見られなくなりましたが、一時期のセンター試験問題には、図1-7のような形式の問題が出ていました。これは二〇〇四年度の英語筆記問題、第一問Bの問題です。まずは、ご自分でやってみてください。

いかがでしょう。実際の英語の抑揚に慣れていれば答えられるけれども、机上の学習だけで正解にたどり着くのは無理がある、その意味で、これは受験生を、生の英語を体験する方向へ押しやるような良問ではないでしょうか。

それぞれの正解を申し上げます。

(1)「みんなに送ったって？　僕のとこにはこなかったよ」という思いをジョンは口にしています。

[26] 以下の議論は、連載「リノベーション・ブルース」第五回（佐藤二〇〇六-二〇〇七）に発表した報告を修正したものである。

send everyone といっても、me は含まれていない。この me をジョンは強調して言うことでしょう。正解③

⑵「ぼくは、ちっと勉強しようってことで誘われたんだ、パーティの話なんか聞いてないよ」。ここではパーティと対比される「勉強」が伝えるべき情報となります。正解③

⑶「わかった、ぼくを驚かすサプライズ・パーティをやろうってことなんだ」。サプライズに力がこもります。正解④

⑷ザックは「そうだったんだけど、もうそうじゃなくなっちゃった」ことを悔いています。正解②

英語の使用に慣れている人なら、国籍、階級、人種によらず、これらの解答に異を唱えることはないでしょう。その限りにおいて、英語の抑揚には規則性があり、それを心理現象としてある程度は法則化することも可能だと考えられます。

ただし、当たり前の話ですが、抑揚を規則づけてしまっては、話者の自由が奪われてしまいます。たとえば、いまの⑴を、「僕への発想の不履行」をハイライトして、He *didn't* send me one. と言うのもまったく妥当です（作問者が didn't を選択肢から外したのは正解でした）。英語の発話は、それぞれが話者の行為《パフォーマンス》です。基本は当人が自由にドライブできるようになっているはずです。

音声学の専門家が、会話の背後に、当人の自由意思を超えた抑揚パターンをとらえようとするのは、学術的に正しいことです。しかしどんなに頭の固い研究者でも、現実のシチュエーションにおいて生身の人間が交わす会話が、法則（一般的な知性）にしたがって進むとまでは考えないだろう、と私は思っていました。言語は個人が使用するものであり、当人がその場で感じる細々とした事柄が、発話のあり方を左右する。それだけの柔軟性をもっていなければ、人間的なコミュニケーションの役に立たないと、英語の専門家であれば、誰しも考えるだろうと。なので、この問題を見たときは驚きました。二〇〇六年の英語筆記問題、第1問Bです（図1-8）。

問3に注目してください。直前の文の主語は everyone else、この文の主語はIで、両者が対比されていることは、先に見た"To everyone? He didn't send me one."と同じです。でも、実際問題として、Everyone else checked it. に続けて、Why didn't *I* check it. と、Iを強く言う人がどのくらいいるか。実地実験をしてみないとわかりませんが、そんなに多くはないのではないかと思われます。というのも、次の二つの言い方が、すぐに思い浮かぶからです。

> ① Why *didn't* I check it. ──「やればできたのに、どうして**しなかったんだ**」と、悔悟の気持が強く出るとき、didn't が強くなるでしょう。
> ③ Why didn't I *check* it. ──英語文の中心は動詞です。メインの動詞をハッキリ言うのは、英語の抑揚のデフォルトですし、アクション主体の英語をクールと感じる若者など、check it の check を強めて言いそうです。

この問題の、発表された正解は②ですが、Iはそもそも代名詞で、普通はさらりと発音される。Who

did it? と聞かれて、*I* did. と名乗り出る場合や、You didn't do it. *I* did it. と畳みかける場合は、Iに強勢が置かれる。ここまでは「規則」と考えていいでしょう。しかし、Why didn't で始まる否定文のなかで、主語のIを強調したくなる心理がどのような理屈で起こるのか、これは発話者の心の機微に関わる問題です。専門家であるなら、心のひだに入り込み、生身の声を伴ったセンテンスの抑揚がどのような心理機構によって生じるのか、解明に勤しんでほしいのです。「前に everybody else があるから」などというボンヤリした説明では、世界の英語使いが納得しないでしょう。現実に、どんな人のどんな英語がどんな動きをしているのかデータを集めて分析するくらいのことは、甘えずにやっていただき、その成果を教育現場に還元してほしいものです。

12　英語から身を守りつつ英語へと心を開く

しかし私はどうしてそんなにいきり立つのでしょう。中学一年のときに、英語を習得するなら学校の勉強は避けたほうがいいと直感した少年が、結局、国の英語教育に関わるところに職を得て、以来四〇年、憂いたり、悔しがったりばかりしている。変ですね。

見方を変えれば、日本ってすごいわけです。帝国主義時代の西欧の脅威に屈して近代化を進めながら、猛烈な努力によって、異言語接触を自国に有利な形で乗り切った。つまり、インドのように、英語のコミュニケーションができる人間がエリートになって国を動かすのではなく、翻訳語を整備することで日本語の基盤に西洋の概念を吸収し、言語は日本語のまま精神をグローバル化させた。このやり方で、世界有数の産業国家・文化国家になった。いまさら、基礎づくりに一〇〇〇時間ものイマージョンを必要とする、本物の英語の習得が国民レベルで始まるはずはありません。

日本語を母語とする人間でも、誰もが学べ、誰もが教えられる、そういう英文法書を作成し、そのうえで、英文学の教養も積み上げ、欧米人に負けないジェントルマンを育成する。これが近代日本における英語教育の営みでした。この営みの軸となった出版社のうち、研究社は、一八九八年『英語青年』を創刊、今日まで改版を続け、権威を保つ『新英和大辞典』を一九二七年に刊行しています。その研究社が、同じく日本近代の英語教育の軸となり続けてきた東京外国語大学系の歴代教授と刊行を続けている『リーダーズ英和辞典』（初版一九八四、第二版一九九九、第三版二〇一二）は本邦最大級の語彙数を誇る辞典ですが、それで some を引いてみますと、語義に先立って「肯定に用い、否定の not ANY, 疑問の ANY?, 条件の if … ANY に対応する」との指示文句が入っています（初版・第二版・第三版とも）。

他社から出ている中辞典も似たりよったり。some は肯定文で、any は否定文・疑問文・条件節で用いるのが原則。some を疑問形で使うときは肯定の答えを期待している——というのが、日本人の英語学者の間での some と any に関するコンセンサスであることがわかります。そのなかで一点、三省堂の『ウィズダム英和辞典 第三版』（二〇一三）は違いました。any の項の「語法」のところに出ている、この説明に注目してみましょう。

some は漠然とではあるが、限られた数量が「ある」ことを表すのに対し、any は「あるかないか」

はわからない漠然とした数量を表す。このため、some は肯定文や肯定的な内容を暗示する場合に好まれ、any は否定文・疑問文・条件文など［…略…］で好まれる。

some と any の語義を、それぞれの本質に突っ込んで説明しようとしている姿勢に拍手を送りたいと思います。「漠然とではあるが、限られた数量がある」という情報が、some によって伝わること。some を any に変えると、続く名詞が「あるかないか、わからない」宙ぶらりんの状態になるということ。そこが、そこだけが、本質であって、実際の運用は「好まれる」――好みの問題で正否の問題ではない――という重要な点を、この説明は簡潔に行っています。

本物の専門家の仕事には心をうたれるものがあります。現代の最先端の知見を盛り込んだといわれる英文法書を開いてみましょう。*The Cambridge Grammar of the English Language*（Huddleston & Pullum 2002）は、some と any を存在限定詞（existential determinative）とし、そのうち some の修飾作用は basic であり、any は non-affirmative としています。難しいですが、これを意訳すると、『ウィズダム英和辞典』の説明と重なるんです。要するに、some は何かがある分量存在することを素直に含意するのに対し

表 1-4　ペンの存在を記述する

①	There's a pen.	ペンがあります。 （個的存在感）
②	There're s'm pens.	ペンがあります。 （複数の存在感）
③	There're pens.	あるのはペンです。
④	Are there pens or pencils?	あるのはペンですか？　鉛筆ですか？
⑤	Are there any pens?	あるのですか？　ペンが。

て、非肯定的（non-affirmative）な any は、「それがあるかどうかわからない」、「一つでもあればいい」という宙ぶらりんの状態を含意するということですから。

しつこいようですが、続けます。表1-4を見てください。

英語では一本のペンがあるとき、pen の前に a をつけて a pen といいます①。この a によって「個的な存在感」が表現されます。では複数の何かがあるとき、その「複的存在感」を口にするときはどうするのでしょう。そう、s'm pens と、冠詞化した some を付けるのです②。これが some のもつ「基本的な存在の肯定感」です。

その some を落として There're pens ③と言うと、「あるのはペンだ」という方向へ意味のウェイトがシフトします。何があるのかわからない（具体的な存在感がない）状況で some は使いません。そこにある物が、ペンなのか鉛筆なのかわからないという状況では、pens or pencils? となって、some も any も入らないのです④。

さらに「ある」のかどうかも断定できない状態では、any pens? ⑤が使われる。これはみな、英語を使いこなしている人たちであれば、英語の大家でなくても、なかば自動的・無意識的に生じる心理なのだろうと思われます。そして日本語の母語話者が同様の心理を習得するには、some や any を「形容詞」としてではなく――a や the や this や that や my や your と共に――「限定詞」としてグルーピングしておくことが、私はたいへん役に立つと思います。数と量を区別し、単数と複数を区別する言語を話すヨーロッパ系の人はいいのですが、日本人や中国人が英語を習得するには、名詞の前にくる限定詞について、系統的な知識を身につけることが有用です。

13 関係性のパターンと文化

以上、「英語の専門家はいかに日本人に英語を教えてこなかったか」という話を、くどくど続けてまいりました。フェアでないことはわかっています。日本人はやっぱり、農耕民族として、与えられた狭い土地を一所懸命耕すことを、何十世代も繰り返してきた民族です。そういう民族が、列強の帝国主義の圧力を受けて鎖国を解き、猛烈に外国語の学習を始めた。そして西洋の学と思想の体系を、日本語に取り込んだ。漢語をベースに中国の教養を取り入れた経験をベースに、西欧の学芸の諸観念を漢語ベースの新語を編み出すことで日本語に取り込んだというのは、世界に類例をみないほどの快挙でした。

研究社を拠点として日本英文学会が組織されていった一九二〇年代当時の文学者の志の高さには、圧倒されるものがあります。斎藤勇《たけし》[27]が生涯増補を続けていった最初の英文学史書『思潮を中心とせる英文學史』(研究社 一九二七)を出版したのは、彼が若干四〇歳のときでした。明治開国から六〇年後に、それだけのレベルに高まっていた日本の英文学研究を、明治一〇〇年を迎える頃には、万に届くほどの数の人が大学などに職を得てまじめに持続していった、その頑強な研究文化のなかで、固まってきたやり方を、誰か数人が動かそうとしても、かないっこありません。

受動的で几帳面な学習をするのは、日本人の「国民性」です。ここで、テーマを一変して、国民性とは何か、について考えてみましょう。なんだか、怪しげですね。日本人らしさ――そんな漠たるものが、学術の俎上に載るんでしょうか。

日本人らしさを、成分に分けて分析していく方法はうまくありません。「国民性」に限らず、個人や集団がもつ「性格」について知るためには、周囲との関係（または構成集団間の関係）のあり方に、注目していくしかないでしょう。これは、先にsomeの意味を考えていったときにとったのと同じ方法です。someとは何かを知るのに、allやnoやanyの概念をつぎ込むことが必要でした。観念においてすらそうです。お互い絡み合いながら生きている人間について、その性格を記述するには、大きな全体図を描いて、そのなかでどんな位置や役割を占めているのかという点をみていかなくてはいけない。パースペクティブを広げて、緩く柔らかい言説を繰り広げないとまともに語りえないという意味で、「国民性」もまた、すぐれて教養的な思考対象ということになりそうです。

第二次大戦中、「国民士気高揚委員会」に人類学者として協力する形で、グレゴリー・ベイトソンは、「国民の士気と国民性」という論をまとめています（Bateson 1942）。

ここで彼は、末端連結（end linkage）という概念を持ち出します。〈支配‐服従〉、〈擁護‐依存〉、〈演じる‐観る〉など、関係性の諸テーマが互いにどう結び合うのか、そのパターンに文化の性格が表れるという発想です。ナチス・ドイツでは支配者であるヒトラーが派手なパフォーマンスをしているのに対し、スターリンは人前に登場するときも、不動の姿勢で軍隊の行進を視察している。そこには、別種のエンド・リンケージ（末端連結）が起こっている、というわけです。

［27］斎藤勇（一八八七‐一九八二）。東大文学部英文科の大先輩である夏目漱石より二〇年若く生まれ、イギリス留学によって博士号を取得。日本英文学会の創立に関わって、日本におけるアカデミックな英文学研究の確立に力を注いだ功労者。筆者が第一回英文学会新人賞をいただいた一九七九年の大会には、壇上に姿を見せておられた。長男斎藤光（一九一五‐二〇一〇）は、筆者も薫陶を受けたアメリカ文学者。

イギリスの学者の家に育ち、のちにアメリカに帰化したベイトソンは、英米の国民性の違いを、次のような図式で説明しました（表1-5）。

アメリカの家庭の食卓では「今日、学校でこういうことがあって」など、話を披露するのを要求されるのは子どもで、イギリスのアッパーミドルの朝食では、お父さんが聖書の話を聞かせたりして、子どもは黙っていなさいと、それが標準的な関係でした。つまり、「観る-演ず」のモチーフに関して、英米二つの文化で逆転がみられる。これは学校の教室でも同じことです。

日本は伝統的にイギリス型で、「先生の言うことを静かに聞く」のが、生徒の正しい姿勢でした。もちろん「手を挙げて正しく答える」ことも要求されますが、先生の指揮のもとでクラスが進むことが期待されている点は変わりません。これに対し、アメリカの教育システムは基本的に生徒がしゃべることを前提にしています。生徒たちは、私はこれだけ立派なことが言えると、どんどん発言しないといけない。つまり生徒の心が「見て、見て」のモードにならないと、クラスがうまく回転しない。一国の教育文化全体として、そうなっているわけです。ですから日本の教壇に立つアメリカ人教師は、常にある試練に立たされる。教師である自分の前で、学生たちが〈観る-演ず〉の「観る」側からなかなか出てきてくれない、授業を進めるための「演じ=発言」をなかなか生徒がしてくれないので困ってしまうわけです。

表1-5　イギリスとアメリカの家庭（ベイトソン 2000：163-164）

イギリスの上・中流家庭		アメリカの中流家庭	
親	子	親	子
支配	服従	支配（軽）	服従（軽）
養護	依存	養護	依存
演ず	観る	観る	演ず

14　甘えとグローバリゼーション

「グローバルであれ」というかけ声が経済界から強くあがり、文科省が「発信型」の英語教育の音頭をとって久しくなります。徐々にうまくいっている部分もあるのでしょう。しかし、日本で長年かけて培われてきた文化のパターンをスクラップにし、教師が長年そのなかで自己を研鑽してきた学生との関係性に配慮することなく、いきなり無理難題をふっかける改革案も少なからず出てきます。そういうのに接すると私は教養（深慮のベースとなる知）の欠如を嘆きたくなります。教員と学生との関係性を、いきなりアメリカ型にもっていこうとしても、文化というものは、計画通りに動くものではありません。

先に挙げた、関係の三つの主要なタイプのうちで、今度は〈支配‐服従〉と〈養護‐依存〉の末端連結が対照的であるケースをみていきましょう。アメリカでもイギリスでも、支配する側が養護者であることに変わりはありません。西洋社会で、養護行動は社会的優位性と結びつき、神も国王も「父なる」存在です。これが逆転している状況を、ベイトソンはバリ島に見出しました。『バリ島人の性格――写真による分析』（ベイトソン二〇〇一）という本に結実した調査[28]があぶり出した点の一つに、バリ島では「高位の者が低位の者に甘える」ということがあるんです。

つまり、バリ島では、神様が、憑依した人間の口を借りて周囲の人間を「お父さん」と呼ぶ。また、

[28] 新婚時代のグレゴリー・ベイトソンとマーガレット・ミードが、一九三六年から三八年にかけて、映像メディア（写真と一六ミリ）と、言語記述の両方を組み合わせて行ったバリ島での調査は、映像人類学の時代の始まりを告げるものでもあった。

首長は民衆によって子どものように甘やかされている。さらには、お祭りで「神」であり「踊り手」である役を担うのは、子どもたちである。西欧とは反対に、バリ島の神は「子なる存在」（しかも演じる子ども）なのだという綿密な調査報告をベイトソンとミードはまとめているのです（表1-6）。

表 1-6　キリスト教文化とバリ島文化（ベイトソン 2000：162-163）

キリスト教文化		バリ島文化	
高位者	低位者	高位者	低位者
養　護	依　存	依　存	養　護

日本の場合も似たところがあったのではないでしょうか。過去の日本で、神様は汚れのない、無垢な存在ではあっても、「全知」というイメージはなかった。その点、バリのほうに近いのではないでしょうか。お地蔵さまは子どもです。無垢な者を崇めるのに私たちは慣れていて、たとえ大学の教壇に、実際的なことはちゃんとできない、子どものような教授が立っていたとしても、許容度は高かった。教授に「やんちゃ」を期待することはあっても、高度のパフォーマンスは期待したりはしなかった。もちろん、威厳は期待しました。しかしその「威厳」のスタイルはどうだったでしょう。「やんごとなきお方」とでもいうのか、偉い人は、自ら動かず、実際に動くのは周りの者です。チマチマ考えるのも、あまり教授にふさわしくないとされる。かつては、男尊女卑の家族でも、日本では財布は女房が握っていました。「低位者」が養護・養育の側に回るということです。

私の知る、かつての日本の大学の教室の様子を再現してみましょう。教授は身分が高かった。「＊＊教授と△△（仏独英露の偉大な作家の名を挿入）を読む」こと自体、学生にとってかけがえのない経験とされました。教授は偉さを示すことを求めてられているので、チマチマ働きません。二〇分遅れて入ってきます。無断で休講もします。学生も国立大であれば、授業料はあってないようなものでしたし、一部の「鬼」と称される変わり者の先生にさえ注意していれば、単位も楽勝でした。教授と学生はエリート同士。一流校の学生は、将来の就職を約束され、いわば俸禄を約束された若い武士のような存在でした（表1-7）。

表 1-7　アメリカの大学と日本の大学

アメリカの大学		日本の大学（旧帝大型）	
教授 （行為者）	学生 （受益者）	高位者	低位者
		（エリート同士）	
教育	学習	依存	依存
観る／演ず	演ず／観る	不動	静寂

これを可能にしていたのが苛酷な受験体制です。大人になってなお張り合って摩擦を起こす愚を避けるため、競争はできるだけ子どものうちに済ませておこう——これは日本だけでなく、イギリスを始めヨーロッパ諸国にもみられる制度でした。こうしてエリート大学に入学した学生は、放任の時間のなかで、好きなだけ思い悩む時間を与えられました。就職して社会の歯車の一個に収まってしまえば二度と取り戻せない貴重な時間が、存在自体が尊敬に値する教授たちの不活発さによって保証されていたわけです。

それを思うと、駒場の教員だった頃の私の行動は、何とせせこましかったことか。やるべきことをどんどんつくって「これは僕がする、これ君やって」といっていた。I do this. You do that. が英語の基本だといって、もったいぶった英文を書こうとする学生を叱咤していた。教授先生は、そんなことはしなかったものです。書斎にこもり、思索にふける。世事に紛れず、身辺のことは何もできず、論文さえもろくに書かない[29]——という気質の人が結構いたようですね。私の恩師である大橋健三郎先生は、その雰囲気に反発して、アメリカ文学会という、支部会での勉強会を主体とする学会を、仲間と立ち上げたのだと聞きました。「文章はとにかくたくさん書きなさい」とわざわざ私に諭してくれたのは、書かないのが偉いみたいな雰囲気が、過去には本当にあったからでしょう。ずいぶん変わったもんです。昨今の日本の首相は、実にチマチマ動きます。これがグローバリゼーションというものなんでしょうか。アメリカでは高位者が財布を握り、行動し、演じる姿を低位者に見せる。そのやり方で、大学を運営せよと。科研を取り、論文を書き、授業時間を満たし、レポートを集め、学生評価に応え、学会を運営し、複数の委員会とワーキング・グループを動かしなさいと、国が言ってくるわけです。

15 高度に安定的な甘えの制度

いまさら申し上げるまでもなく、グローバリゼーションとは、資本主義の進展過程にほかなりません。それは、高度に情報化された資本主義システムの中枢から世界を取り押さえようという動きであり、大学はその中枢に位置づけられようとしている。企業の価値観からすれば、これは生産性を上げる動きであり、肯定するしかないわけですね。しかしどうなんでしょう。社会の組み立てというのは多様であって然るべきです。人間関係の多様なパターンが文化の違いを生んでいるのであって、それぞれの文化はそれぞれの美点を有しているということを、私たち人文社会系の研究者は、もっと大声で訴えてよいのではないでしょうか。

ベイトソンはのちに、バリ島での観察を、サイバネティックス理論を使って、「バリ――定常型社会の価値体系」（Bateson 1949）という論文にまとめています。これは、一方的な成長発展を期待される近代社会とは対照的な、文化の作動の仕組みを、システム工学的にとらえようとした論文です。

機械の安定的な作動のためには、ある変数が突出して増加したとき、それを抑え込む回路が必要になります。機械がヒートアップしてきたら、冷却回路が作動するようにしておくとシステムは安定しますね。生体中でも、血糖値が上がったら、インシュリンが分泌されて抑えるようになっている。そうした「負のフィードバック」を通して、恒常性を担保することが、動力機械にも、生体器官にも必要です。では、人間の社会は、そういう装置を備えているでしょうか。ベイトソンの観察によれば、

バリ島の文化には、諍いごとを処理する技術が、確固として存在する。いさかいをおこした二人は、きちんとその地区の代官のもとに出頭して、その事実を登記し、こののち最初に口を出した方のものが、科料を払うか、神に奉納することに同意する。（ベイトソン二〇〇〇：一八〇）

無益な争いをクールダウンするために、社会内部に「負のフィードバック」の機構が組み入れられているという点にベイトソンは着目しました。諍いというものは、エスカレートするものです。「何だ、

[29] 大橋健三郎（一九一九-二〇一四）は、アメリカ文学者、一九六二年から一八年間、東京大学文学部英文科で教鞭を執り、日本のアメリカ文学研究の礎を築いた。主著『フォークナー研究』全巻（南雲堂、一九七七-一九八二）。

おまえは」と言われて「何だとは何だ」と言い返し、ヒートアップしていきます。資本主義体制下での蓄財も、似たところがありますね。儲けも資本も The more, the better. が大原則です。このエスカレーション・システムに、私たちが巻き込まれてしまっているのが、グローバル化というやつなのでしょう。

大学のランキングとは何でしょう。これも「上位であれば上位であるほどいい」という価値体系に支配された考え方です。なるほど経営の点では、そうだといいわけですね。成績が人気を呼び、よりよい学生を集め、さらに成績が向上する。しかしたくさんの大学がランキングを上げようとして頑張るのは、本当に大学の充実につながるのでしょうか。教員の仕事量は相乗的に増えますね。あることを頑張ると、その影響で別のことも頑張らなくてはならなくなる。統一英語授業の統括をやっているときの私はそういう状況に引き込まれていました。「教員がこんなに頑張っている授業が行われていることを学外に知らしめよう」と躍起になり、「この授業を見ろ」とばかり、学生サービスを充実させ、アンケートを実施して、それをエクセルの表にまとめパブリシティに精を出した。ビデオ編集室の床にマットを敷いて泊まり込み、クオリティばかり口にして不和のウィルスをばらまいていた。そんなことでシステム全体がうまく回るでしょうか。それぞれの教員の特性を生かした授業になるでしょうか。それで学生の英語の、どんな力が、何のために伸びるのでしょう。

視野が狭かった、といわざるをえません。〈英語Ⅰ〉を牽引したつもりになっていた私に、教養が足りなかったということです。そもそも英語のことくらいで、一丸になって頑張ったりする必要が、この国に本当にあるのでしょうか。あるなら、これだけ頑張る国民なのだし、とっくに始まっているのではないでしょうか。

ニッポンという国は、「英語の受け皿」などという異なるものを心に押し込めなくても、もっと日本語でリラックスしながら英語の学習を楽しむような、そういう余裕の文化をつくりあげていて、そのやり方で国際競争に太刀打ちできることを知っていて、それで、英語の時間には、英語についての知識を日本語に収めることしかしたがらずにいるのではないでしょうか。

日本人がいくら勉強しても英語ができないのは、英語ができないくらいのことが理由でグローバル化から取り残されないからです。個人個人は英語を喋らなくても、ちゃんと世界の仲間と一緒に、幸せで文化的な二一世紀の生活ができるような仕組みを、明治以来五世代の努力の積み上げによって整えてきたからです。私たちは英語を必要としない生活を送りながら、生活の多くの分野を英語由来の単語で埋めつくし、英語気分を満喫しています。英会話スクールがこれだけ盛るのも、多くの日本人にとってそれが「英語を話しているワタシ」の幻想を授けるビジネスとして機能しているからでしょう。

いや、皮肉を言うつもりはないんです。明治初期の強烈な異文化接触・異言語接触の時代を、われわれの先祖は、「社会」、「個人」、「自由」、「権利」など、漢語の受け皿をつくることによって、日本語の主権を守りながら適応することに成功しました。経済の主軸が、産業革命時代の製品づくりから「クール」なイメージに移行している今日、私たち日本人は、仕事に関わるところでは、ファッショナブルなカタカナ言葉を並べ、「プライベート」な時間にはすっかり「リラックス」し、何事にも「アバウト」に、無駄なことは「スルー」して暮らしています[30]。

本音のところでは、みんな英語なんてかぶりたくないと思ってる。自分の子どもが英語ペラペラになれることは夢想するけれども、いま自分がこの場で、試しにペラペラ喋り始めるようなことは決してしない。英語はあくまでも他者。だから「英語を英語のまま実感する」という学習指針が立たないわけです。「授業は英語で行う」という指針を立てても、鼓膜を英語が揺らすことしか考えない。英語学習に必要なのは「心を英語で揺らす」ことです。もっとも、それを学習指導要綱に入れたら、愛国者たちが政治問題化するでしょう。

16 負けるが勝ちの英語教育

「いくら勉強しても英語ができない」は、逆にいえば、「いくらできなくても勉強する」人たちが、この国に溢れているということです。英語をめぐる活動は、小学生までも巻き込んで回転し、それを頼もしげに見ている国民がいる。国民は、いくらへこまされても英語に高い価値と理想を抱いている。この状況は苛立つよりも、祝福すべきではないでしょうか。

考えてみれば、過去一五〇年の歴史のなかで、本物の英語を日本に根づかせようと奮闘した英語界の偉人はいくらでもいるのです。仙台藩に生まれた齋藤秀三郎[31]は、明治期の無手勝流英語教育の横行に、自らの学校を創立して本物の英語を教えることに一生を捧げました。「一〇〇〇時間ヒアリング・マラソン」のメニューを日本人に供給し続けてきたＡＬＣの創立者、平本照麿（一九三五-）も、日本人の心にまともな英語を吹き込む努力を半世紀にわたって続けているビジネスマンです。

日本の英語教育問題に立ち向かっていっても、跳ね返されるだけ――だからこそ、ぶつかっていくことが必要なのだ、ということがわかるまで、未熟な私はそれなりの勉強をさせてもらいました。東京大学教養学部で、二学年七〇〇〇人超の学生が学ぶコンテンツの制作を任されたとき、私は、日本の英語教育を動かす機会を得たかのように錯覚して、敗れました。テレビ、ラジオ、インターネットを結ぶ、NHK英会話『リトル・チャロ』[32]の企画で、シナリオの英語書きから全体の統括までお引き受けしたときも、これで日本人の英語を改良してみせるぞ、と意気込んで、敗れ去りました。

三度目の正直であるはずの放送大学では、大学の英語科目というので、中学校で教わったことは身についているのだろうと錯覚し、本当の英文法はもっと深いんだといわんばかりに、「すべての英語構文

[30] ちなみに英語のprivateは形容詞で名詞としては使わない。「リラックスする」はbe relaxedという受身の形になる。「約」という意味のaboutは人間の性格を形容しないし、throughは前置詞または副詞であって、動詞にはならない。英語を正しく使おうと努力している国民は、これほどアバウトな用法をはびこらせはしないだろう。「英会話という病気」（岸田　一九九七：一四三―一六三）という論考で岸田秀が論じたように、日本人は、英語に憧れながら、一方で強く英語を拒絶する分裂した気持ちを無意識に抱えていて、英語を取り込むときは、明確に非英語化して使うことに心安さを感じるのではあるまいか。

[31] 齋藤秀三郎（一八六六―一九二九）は三〇歳のとき、一高（現在の東大駒場）の教職を離れ、正則英語学園を創立。六三歳で他界するまで校長を努めた。『和英大辞典』（日英社　一九二八）は日本固有の表現の英訳を多数収録し、現在デジタル版も出回っている。

[32] 『リトル・チャロ』（NHK、二〇〇八年―）は、NHKエデュケーショナルの長野真一チーフ・プロデューサー（当時）を中心とした企画で、脚本家わかぎゑふ氏の原作を、栩木玲子法政大学教授と筆者とで五〇回の英文シナリオにし、共通のコンテンツを使ってテレビとラジオで英会話のレッスンを行うようにしたプロジェクト。インターネットでのストリーミングや、練習問題を加えた、マルチメディアの学習企画だったが、アニメ・コンテンツとしての人気が先行し、講師の英語解説が大衆に届くまでには至らなかったというのが自己評価である。

はＳＶＸ＋αでいける」とか、「英語の時制は、現在・過去の二つだけ」とか、「不定詞・現在分詞・過去分詞が〈未然〉、〈進行〉、〈完了〉の時の三態に対応する」とか教える教材を書きました（佐藤・大橋二〇一七）。そして、そのドン・キホーテぶりによって、中学で習ったことが何も頭に残っていない受講者に混乱を巻き散らしています。

いったい日本の一般市民が、どれほど英語に親しんでいるというのでしょう。「何が起こったか」はWhat happened? であって、「そうでないことを望む」は、I hope not. ということを知っている人がどれだけいるか、四択の問題で確かめようとしたら、正解率は二五％を超えませんでした。「まぐれ当たり以下」の正答率です。「彼はそれに興味がない」はHe isn't interested in it. であって、He doesn't interest in it. でないということもランダムにしか知られていませんでした。その実態を、私はこの歳になって初めて知りました。ごく一握りのエリート学生としか接してこなかったゆえの無知。「東大もと暗し」というやつです。

そんなへっぴり教育者ですが、ラジオに出ている先生ということで、地方の学習センターに行ったりすると、尊敬のまなざしで迎えられます。ときどき私は、日本人の「耐英語性」の強さに感銘を受けてしまうことがあります。われわれは、いくら英語にさらされても、それに影響されず日本の思考と文化を守る力が抜群に強い。これは、おそらく明治の文明開化の時代に、日本社会の安定を守るために組み込まれた文化装置なのでしょう。聞き慣れない英単語もどんどんカタカナ化して日本語の語彙体系のなかに組み込んでしまう。日本語の多くは、和語（台所）、漢語（厨房）、英語（キッチン）と、三種の語彙を併せ持っていますし、音読み（かい）、訓読み（ひらく）、英語読み（オープン）の三つの読み方を備えた言葉も増えています。

グローバル社会の波が、大学教員の甘えを、足下から崩しにかかっています。アメリカ型の教育をせよ、教員なら教育してナンボだろ、学生の英語のスコアを上げなさい、たくさんレポートを集め、コメントして返し、業績を積み上げ、大型の研究費をとって周囲を潤し、学生に活気を与えなさい。

いま日本の大学が変わりつつあります。英語圏の一流大学を中心に組織化が進んできた学術システムに加わって、成績を上げるように日本の大学も求められている。これは避けられません。でもそれは、日本語で知識や教養を獲得した教員が、英語で授業をすることによって成し遂げられたりするものでもありません。アメリカ式の高等教育に合わせて、制度を変えていくことは必要でしょうが、人と人とが接する現場で、何百年も機能し続けている文化制度をいじろうとしてもダメだということです。文化は機械のようにはいじれませんし、その作動の仕組みを専門的な知識の伝授によって知ることもできません。

ビジネスマンの性急な価値観に圧迫されて、本来教養であった、そして本源的に教養であるはずの英語教育がアップアップしているのは悲しいことです。私のイメージする教養の英語教育とは、英米の文学思想の精髄に触れることではありません。some の意味を考える、といった感じの授業です。all を排し、no を排し、any? などと、がめつく要求もしない、some の中途半端な存在感——結構私は気に入っているんです。

some について深く知り、その哲学を肯定できるようになると、点数やランキングや収入のオブセッションから自らを解き放つことが容易になるでしょう。私も、まだまだ修行の足りない身ですが、「あなたは大学で英語を教えてきた人生に満足していますか」と聞かれたら、ニッコリ笑って「Some.」と答えられるようでありたいと思っています。

——参考文献

阿部公彦（二〇一七）『史上最悪の英語政策——ウソだらけの「四技能」看板』ひつじ書房
アルク教育総合研究所［監修］（二〇一五）『グローバル教育を考える——教育とビジネスの現場にみるグローバル教育の潮流』アルク出版
「英語年鑑」編集部（二〇〇〇）『英語年鑑』研究社
江利川春雄（二〇一一）『受験英語と日本人——入試問題と参考書からみる英語学習史』研究社
江利川春雄・斎藤兆史・鳥飼久美子・大津由紀雄（二〇一四）『学校英語教育は何のため？』ひつじ書房
大久保利謙（二〇〇七）『明六社』講談社
大津由紀雄・鳥飼玖美子（二〇〇二）『小学校でなぜ英語？——学校英語教育を考える』岩波書店
岸田　秀（一九九七）『官僚病の起源』新書館
佐藤良明（二〇一九）『改訂増補 J-POP 進化論』平凡社（初版：一九九九）
佐藤良明（二〇〇四）『これが東大の授業ですか。』研究社
佐藤良明（二〇〇六-二〇〇七）連載全六回「リノベーション・ブルース（一）-（六・完）」『英語青年』一五二（七）：四〇四-四〇六、一五二（八）：四八一-四八三、一五二（九）：五四二-五四四、一五二（一〇）：六〇六-六〇八、一五二（一一）：六七七-六七九、一五二（一二）：七三七-七三九
佐藤良明（二〇〇八）「もうNOVAには騙されまいぞ——劣等英語改造論」『諸君！』四〇（一）、九四-一〇二

佐藤良明（二〇一八）「二一世紀の文学部」『表象』一二、六–一二

鳥飼玖美子（二〇一四）『英語教育論争から考える』みすず書房

ベイトソン・G／佐藤良明［訳］（二〇〇〇）『精神の生態学 改訂第二版』新思索社（Bateson, G.（1972）. *Steps to an ecology of mind*. New York: Ballantine Books.）

ベイトソン・G／佐藤良明［訳］（二〇〇一）『精神と自然——生きた世界の認識論 改訂版』新思索社（Bateson, G.（1979）. *Mind and nature: A necessary unity*. New York: Dutton.）

ベイトソン・G、ミード・M／外山　昇［訳］（二〇〇一）『バリ島人の性格——写真による分析』国文社（Bateson, G., & Mead, M.（1942）. *Balinese character: A photographic analysis*. New York: The New York Academy of Science.）

Bateson, G.（1942）. Morale and national character. In G. Watson（ed.）, *Civilian morale*. Boston: Houghton-Mifflin, pp.71–91.（ベイトソン・G／佐藤良明［訳］（二〇〇〇）「国民の士気と国民性」『精神の生態学 改訂第二版』新思索社、一五〇–一七一頁）

Bateson, G.（1949）. Bali: The value system of a steady state. In M. Fortes（ed.）, *Social structure: Studies presented to A. R. Radcliffe-Brown*. Oxford: Clarendon, pp.35–53.（ベイトソン・G／佐藤良明［訳］（二〇〇〇）「バリ——定常型社会の価値体系」『精神の生態学 改訂第二版』新思索社、一七二–一九八頁）

Huddleston, R., & Pullum, G. K.（2002）. *The Cambridge grammar of the English language*. Cambridge: Cambridge University Press.

——本章で言及された教科書

佐藤良明・大橋理枝［編著］（二〇一七）『英語事始め』放送大学教育振興会

佐藤良明・柴田元幸［編］（一九九六）『The Parallel Universe of English』東京大学出版会

佐藤良明・栩木玲子［編］（二〇一〇）『The American Universe of English』東京大学出版会
滝浦真人・佐藤良明［編著］（二〇一七）『異言語との出会い――言語を通して自他を知る』放送大学教育振興会
土居健郎（一九七一）『「甘え」の構造』弘文堂
東京大学教養学部英語教室［編］（一九九三）『The Universe of English』東京大学出版会
東京大学教養学部英語教室［編］（一九九四）『The Expanding Universe of English』東京大学出版会
東京大学教養学部英語部会［編］（一九九八）『The Universe of English II』東京大学出版会
東京大学教養学部英語部会［編］（二〇〇〇）『The Expanding Universe of English II』東京大学出版会
東京大学教養学部英語部会［編］（二〇〇六）『On Campus』東京大学出版会
東京大学教養学部英語部会［編］（二〇〇六）『Campus Wide』東京大学出版会
東京大学教養学部英語部会［編］（二〇一三）『東京大学教養英語読本 I・II』東京大学出版会

――本章で言及された辞書

井上永幸・赤野一郎［編］（二〇一三）『ウィズダム英和辞典 第三版』三省堂
高橋作太郎［編集代表］（二〇一二）『リーダーズ英和辞典 第三版』研究社

2章

教養教育をどうとらえるか

歴史的視点から考える

森 利枝

森《もり》　利枝《りえ》

1968 年三重県生まれ。早稲田大学大学院文学研究科博士後期課程中退。現在、大学改革支援・学位授与機構教授。専攻は比較高等教育論。

大学での学びを部分と全体からとらえることに注力し、とりわけ学位と単位の問題を理論と実践の面から研究している。

著書に、『大学の IR』(共著、慶應義塾大学出版会、2016 年)、『アウトカムに基づく大学教育の質保証』(共著、東信堂、2015 年)、『日本の大学改革――OECD 高等教育レビュー』(翻訳、明石書店、2009 年)、ほか。

1　はじめに

この章を始めるにあたってまず明記しておきたいのは「教養教育をどうとらえるか」という命題は実に古く大きな問いであって、古今東西の俊英を含む多くの人びとが、この問いに答えようとしているということです。そしてその結果、議論は百出しているといってよいと思います。そのなかで、「教養教育をどうとらえるか」と問う本章の小文を意味のあるものにするのは困難なことといえるでしょう。

ただ、幸いなことに、この章のタイトル「教養教育をどうとらえるか」は疑問文であるともとれます。そこで、この章は「教養教育のとらえかた」を読者のみなさんに説明しようとしているのではなく、むしろこの章から読者のみなさんへの質問を表していると考えてください。この章を通じて、「みなさん、いかがでしょう。教養教育をどのようにとらえますか?」という質問をしたいと思います。そしてここではその質問を意味あるものにするために、日本の、あるいは世界の大学における教養教育というものがどのような展開をしてきたのかについて整理してお話ししたいと思います。

本書に寄稿なさっているほかの著者の先生方と私が最も違うのは、私は、大学に勤める者ではないということです。私は大学改革支援・学位授与機構というところに勤めています。まずはこの組織について、少し説明します。この組織は、一九九一年に、かつての文部省の傘下にある機関としてつくられました。いまは独立行政法人になっていますが、できたときにはまだ純然たる公務員組織のなかにある機関でした。この機関はいろいろな仕事をしているのですが、創設当初は学位授与機構と呼ばれていて、大学生ではない人に学士から博士までの学位を出す、つまり大学に通ってない人が学修を行ったその成果を審査して学位を出す機関として出発しました。この仕事はいまも行っています。その後、少し時代が変わりまして、二〇世紀から二一世紀にかけて、日本でも、大学の質保証に関して、設置審査だけではなく創設したあとの評価も行うべしという流れが生まれました。それに呼応しまして、学位授与機構も大学を評価する外部第三者評価組織としての機能を負うような組織替えが行われた結果、二〇〇〇年に大学評価・学位授与機構となりました。さらに近年になりまして、大学への財務支援の機能も付加されまして、大学改革支援・学位授与機構となった独立行政法人、そちらに勤めております。この機関のなかに、小さいながらも研究セクションがありまして、私はその小さい研究セクションに属して、大学を含む高等教育について考えたり調べたり書いたり話したりするということを生業としています。

さて、この章のテーマですが、先述の通り「教養教育をどうとらえるか」を、みなさまに尋ねるのが私の役目であると思っています。したがって、私自身は答えをもっているわけではないのですけれども、まず、「教養教育」のシニフィエ（意味内容）とはどういうものか、そこから始めようと思います。

2　大学生が喪服で行進するとき

まず、ある「大事件」から説き起こそうと思います。この章には「歴史的視点から考える」というサブタイトルがついていますが、話は歴史と呼ぶにはずいぶん近い昔のことから始まります。二〇一六年一月に、『神奈川新聞』に、横断幕を持って喪服で行進している大学生の写真が載りました。この横断幕にいわく、「人文社会系学部の縮小に抗議する集団行動」とありました。かれらの多くは横浜国立大学の学生さんであると報道されています。この人たちが「人文社会科学を葬り去るのか」という問いを社会に突きつけるために、横浜のみなとみらいを喪服でマーチしたという報道です。「教養教育をどうとらえるか」という問題を考えるために、この喪服の行進から、何かヒントを得たいと思います。

このデモンストレーションで、かれらは、「「人文社会科学系」廃止を進める通知」、より正確に言いますと、文部科学大臣の通知で、「国立大学法人等の組織及び業務全般の見直しについて」（文部科学大臣二〇一五）という、二〇一五年六月八日に出た通知に反対して行進していました。この通知は国立大学のみを対象にしたものですが、その内容は、国立大学は組織を見直すべし、少し具体的に言うと「ミッションの再定義」を踏まえて、業務全般の見直しをすべしというものでした。この、「国立大学法人等の組織及び業務全般の見直しについて」という通知が出たのが二〇一五年ですけれども、ここでいっている「ミッションの再定義」というのは、それに先立つこと二年ほど前に、文部科学省と国立大学がネゴシエーションをして、分野別の、たとえば、医学系の学部は何をするところか、文学系の学部は何をするところか、というような、大学としての使命の明文化のようなことをしたことを指しています。学生さんたちが反対している二〇一五年の通知は、国立大学は「ミッションの再定義」を踏まえて、組織の見直しというのを進めるのがよろしいという内容で、具体的にはこのように書かれています。「特に教員養成系学部・大学院、人文社会科学系学部・大学院については、一八歳人口の減少や人材需要、教育研究水準の確保、国立大学としての役割等を踏まえた組織見直し計画を策定し、組織の廃止や社会的要請の高い分野への転換に積極的に取り組むよう努めることとする」（文部科学大臣 二〇一五）というわけです。つまり、教員養成系学部、それから、人文社会系の組織というのは、廃止したり、あるいは、その仕事の内容を変えたりしなさいというような内容でした。

この通知に対しては、横浜のみなとみらいを行進した学生さんたちを含め、多くの人びとがリアクションをしました。報道されている限りでは、次のようなことがあったとされています。通知が出たのが二〇一五年の六月八日でしたが、翌月、七月二三日になって、日本学術会議（以下、学術会議）が、幹事会の声明というものを出します。いわく、「総合的な学術の一翼を成す人文・社会科学には、独自の役割に加えて、自然科学との連携によってわが国と世界が抱える今日的課題解決に向かうという役割が託されている」ので、「人文・社会科学のみをことさら取り出して」――ここにクオテーションがあるのが大切だと思いますが――「「組織の廃止や社会的要請の高い分野への転換」を求めることには大きな疑問がある」という、反対の声明を出しました（日本学術会議 二〇一五）。これが、まず、アカデミーが起こしたリアクションです。

アカデミーのリアクションの一方で、ビジネスの方からもリアクションがありました。同年九月九日、日本経済団体連合会（以下、経団連）が、非常に興味深い声明を出しています。「国立大学改革に関する考え方」というタイトルです。この声明が何をいっていたかというと、今回の文部科学大臣の通知は、即戦力を有する人材を求める産業界が圧力をかけた結果であろうというような見方があるが、「産業界の求める人材像は、その対極にある」のであって、「理系・文系を問わず、基礎的な体力、公徳心に加え、幅広い教養、課題発見・解決力、外国語によるコミュニケーション能力、自らの考えや意見を論理的に発信する力などは欠くことができない」、あるいは「理工系専攻であっても、人文社会科学を含む幅広い分野の科目を学ぶことや、人文社会科学系専攻であっても、先端技術に深い関心を持ち、理数系の基礎的知識を身につけることも必要」として、経団連は理系的な知も文系的な知も等しく重要に思っているという主旨でした（日本経済団体連合会 二〇一五）。この経団連の声明が出されたのが、問題の通知が出てから約三か月後です。

この経団連の声明が出て二日後に、文部科学大臣が記者会見を開きました[1]。いわく、「「廃止」を求めたのは、教員養成系学部・大学院のうちのいわゆるゼロ免過程のみ」であると。かつ、「人文社会科学系・大学院には「組織の見直し」を求めた」にすぎないというような会見内容でした。ただ、この会見の内容を受けて、もう一度虚心坦懐に声明を読んでも、やはり「特に教員養成系学部・大学院、人文社会科学系学部・大学院については、一八歳人口の減少や人材需要、教育水準の確保、国立大学としての役割等を踏まえた組織見直し計画を策定し、組織の廃止や社会的要請の高い分野への転換に積極的に取り組むよう努めることとする」（文部科学省 二〇一五）と書いてあります。記者会見で文部科学大臣は「誤解を生む表現であった」と発言し、また「事務的に書き間違った」のだというようなことを言ったという話も聞こえてきていますが、最終的に撤回はされていませんので、この通知は一応、いまも生きていることになっていると理解しています。

もう少し、この件について、追っていきたいと思います。いま述べた文部科学大臣の記者会見後に、

［1］下村博文文部科学大臣記者会見録（平成二七年九月一一日）〈http://www.mext.go.jp/b_menu/daijin/detail/1361893.htm（最終閲覧日：二〇一八年一二月一二日）〉

文部科学省が、最初に反論の声明を出した学術会議の席上で、通知に関する説明をしました。このときの資料が、「新時代を見据えた国立大学改革」（文部科学省高等教育局二〇一五）という文書になって、インターネット上にも公開されています。いわく、例の通知は「人文社会科学系学部・大学院を廃止し、社会的要請の高い「自然科学系」分野に転換すべきというメッセージだ」、とか、「「文部科学省は人文社会科学系の学問は重要ではない」として、「すぐに役立つ実学のみを重視しようとしている」」とか、あるいは「文部科学省は、国立大学に人文社会科学系の学問は不要と考えている」との受け止めが世の中にはあるようだが、果たして文部科学省が実際にそう考えているのかといわれればそうではない、すなわち、文部科学省としては、人文社会科学系などの特定の学問分野を軽視したり、あるいは――ここに極めて面白いことが書いてあるのですが――「すぐに役立つ実学のみを重視していたりはしない」と反論しています。この章の後半で試みようとしている議論のためにここで確認しておきたいのですが、わざとかうっかりかはわかりませんが、文部科学省はここで「実学」を「すぐに役立つ」と明言しています。つまり、人文社会科学系の学問は、実学ではなく、すぐに役立つものでもないという話の組み立てになっていると理解できます。

この、学術会議への説明に際して、文部科学省は、そもそも人文社会科学系の教育研究については、これまで、「専門分野が過度に細分化されていて「たこつぼ」になっている」とか、「学生に社会を生き抜く力を身につけさせる教育が不十分である」とか、「養成する人材像が不明確である」とか、「養成する人材像と教育課程の内容との関連が不明確である」とかいうようなことが、社会一般や学術界からも指摘されているではないかというカウンター・パンチも繰り出しています（文部科学省高等教育局二〇一五）。

そこでその証拠として示されたのが、当の学術会議が、二〇一〇年に出した「日本の展望――人文・社会科学からの提言」（日本学術会議 二〇一〇）です。学術会議も、人文・社会科学は、危機にあって、「教養教育と切断され社会と切断され、専門分化し閉鎖性を生み出している」と指摘し、「人文・社会科学の研究者は、市民社会の複雑な危機を克服し、持続可能な未来社会を準備するための市民的教養の形成に向けて、真摯な再検討を加えなければならない」といっているではないか、と。

これで話が済むかというと、もちろん済まなくて、さらに同年一〇月になってから、「国立大学法人一七大学人文系学部長会議共同声明」（国立大学法人一七大学人文系学部長会議 二〇一五）というものが出ました[2]。この共同声明でも、国立大学が「「ミッションの再定義」に応えようとしている」ところへもってきて、人文社会科学系の学部や大学院をことさらに対象にして――これもカギカッコで括ってあるところがミソだと思うのですが――「「組織の廃止や社会的要請の高い分野への転換」を迫ることには大きな疑問を抱かざるを得ない」といういい方で批判をしています。

ここまで、冒頭で紹介した横浜国立大学の学生さんたちの喪服でのマーチに関して、文部科学大臣の通知が国内でどんなリアクションを得てきたかというのを、ざっと紹介してきましたが、この件は国内だけでなく海外のメディアでも報道されました。たとえばイギリスで出ている高等教育関係の専門紙である、*Times Higher Education* に、'Social sciences and humanities faculties 'to close' in Japan after

［2］この声明は会議のメンバーとなっている複数の国立大学のウェブサイトに掲載されているが、声明のとりまとめが行われた会議は信州大学で開催されたものであった。信州大学ウェブサイトにおける当該資料掲載サイトは以下の通り。〈http://www.shinshu-u.ac.jp/faculty/arts/news/2015/10/99624.php（最終閲覧日：二〇一八年四月二七日）〉

ministerial intervention' というような記事が載りました。このほか *Guardian* に 'Japan's humanities chop sends shivers down academic spines' といった記事が載ったり、アメリカの *Smithsonian* のウェブニュースに 'Japanese Universities are Shuttering Social Sciences and Humanities Departments'[3] という記事が載ったりと、日本の高等教育に関する案件が国際ニュースになるという近年まれにみる現象が起きたわけです。このような経緯で、私のところにも、アメリカの大学教育関係の団体から、状況を説明する文章を書いてほしいという依頼がきました。それに応じて雑誌に記事（Mori 2016）を書きましたところ、この記事が、本書の編著者で、当時、成城大学共通教育研究センターに勤務されていた東谷先生に見つかりまして、東谷先生から、人文社会系の学問に軸足を置く形で教養教育について話をしてほしいというご依頼を受けました。そのような経緯で本書に寄稿している次第です。

今回の、国立大学の人文社会科学系の存亡をめぐる一幕は、海外のメディアでも報道されるほどの大きな騒動になりました。それほど多くの人が二〇一五年の通知に引っかかって理不尽さや怒りを感じたということだと思うのですが、ここでちょっと気になるのは、人びとはどういう引っかかり方や怒り方をしたのかということです。おそらく、直観的な反応としては、人文社会科学系を縮小するとか廃止するとかいう議論はなんだか品が悪い、というものなのではなかったかと思います。その直観的な段階のあとの人びとのリアクションは、二つに分けられると思います。一つは、人文社会の学問は役に立つという反論の仕方。もう一つは、人文社会の学問は役に立たないが、役に立たなくて何が悪いんだという反論の仕方、この二つがありえたのではないかと思います。このどちらが正しい怒り方であるか、私にはわからないのですが、いずれにしても、この人文社会科学系というものを手がかりに、「教養教育」

について少し歴史をお話しすることによって、この章のテーマとなっている、教養教育とは何かという問いにみなさま方がお答えになるための下地づくりをしたいと思います。

3　教養教育の成り立ち

大学で高等教育を専攻すると勉強することになっているのが、大学の「伝統四学部」というものです。大学は、ヨーロッパで、正確にはイタリアのボローニャとかフランスのパリとか、あるいは、ちょっと時代が下ってから、イギリスのオックスフォードとかいった都市に、一二世紀から一三世紀ぐらいにでき始めたといわれています。この時期の、つまり、草創期のヨーロッパの大学には、「伝統四学部」というものがあるということになっていました。すなわち、「神学、法学、医学」と「哲学」、まとめて「神、法、医、哲」の四学部から形成されるのが、おおもとの大学の形であったということになっています。そのうえで、図2-1にありますように、「上級学部（upper faculties）」と「下級学部（lower faculty）」の二つに分かれているというのが伝統的なあり方だというふうにいわれています。

なぜこのような分かれ方をしているのかについてはあとで触れることにして、いま着目したいのは、

［3］https://www.smithsonianmag.com/smart-news/japans-government-asks-all-universities-shutter-humanities-and-social-sciences-departments-180956803/（最終閲覧日：二〇一八年一二月一二日）

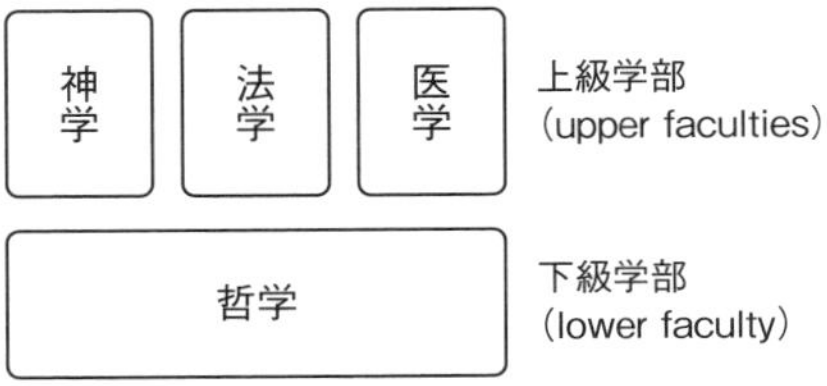

図 2-1　大学の「伝統 4 学部」（12–13 世紀以降）

ご想像の通り、下半分すなわち「神、法、医、哲」の「哲」のほうです。

　この「哲」というのがどんなものかというと、さらに時代を遡りまして、Liberal Artsから哲学部への系譜というものがあるというふうに考えられています。このLiberal Artsというのは、‘artes liberales’と呼ばれていたもので、自由民の技術として身につけるべきもの、すなわち、世の指導者になるために必要な学びであり、これが、Liberal Artsの元であったというふうにいわれています。このLiberal Artsのいいところは、世界と私が、相対的にどのような関係にあるかということを知ることができるように、効率的にデザインされているところだと私は考えていますが、これは、Liberalな人びと、すなわち自由民の技術であって、いってしまえばエリートの学びであるというのが本来の意味です。このエリートとはどんな人なのかというと、奴隷すなわち手仕事で生計を立てる者や、女ではない者のことで、社会を運営する側の人たちに必要な知識、技術がLiberal Artsの内容であるというふうにいわれています。伝統的に「三学」と「四科」と呼ばれていますが、七つの科目が、古典的なLiberal Artsの内容とされてきました。このうち「三学」が言葉に関するもの、すなわち「文法」、「修辞」、「弁証」です。そして、「四科」が、数に関するもの、「算術」、「幾何」、「天文」、「音楽」です。ここでいう「音楽」というのは、いわゆる美しい音楽ではなくて、むしろ、物理のほうの、音波の勉強に近いようなものだといわれていますけれども、「音楽」を含めた数に関する「四科」と先ほどの「三学」をあわせて七科、「自由七科」とも呼ばれますが、これがLiberal Artsの伝統的な内容であるというふうにいわれています。

ここでブリューゲルが下絵を描いた銅版画を一つ見ることにしましょう。《節制》というタイトルですが、「三学四科」の七つの学問をそれぞれ戯画化した作品です（図2-2）。この銅版画の左下にはお金を勘定している人たちがいて、これが「算術」を表しています。その奥の幕屋の中にはスコアを見ている人たちがいて、チェンバロかオルガンのようなものを弾いている人がいる、これが「音楽」です。その斜め上で芝居をやっている人たちがいて、これがレトリックすなわち「修辞」を表象しています。それから、星の大きさをコ

図2-2　P・ブリューゲル（父）《節制》1560年頃，銅版画

ンパスで測ろうとしている人たちが二人いますね。この人たちが「天文」を表しています。ちなみに、この絵が描かれたのが一五六〇年と伝えられていて、一方天体望遠鏡が発明されたのは一六世紀の終わり頃だとされています。ブリューゲルが《節制》を描いた頃というのは、天体望遠鏡に僅差で間に合わない時期でした。ですからこの絵に天体望遠鏡は出てきません。それから、大砲の軌道を測っている人たちと、柱の直径を測っている人たちがいます。この人たちが、「幾何」を表しているといわれています。その手前に数人の男の人たちが立っていて、おそらくは政治について話しているといわれていますけれども、「弁証」を表しています。そして、紙のようなものを広げて子どもを集めて何やら教えているらしい人がいます。この紙の上に、よく見ると「ＡＢＣＤ……」と書かれていて、これが、「文法」を表しているといわれています。これら七つの学問が、Liberal Arts の中身になってゆき、あるいは「哲学部」というようなものの元になっていったとされています。ちなみに、この作者のブリューゲルにはあまり自画像が残っていないようなのですが、画面左下にちらっと見えている、パレットを持った人物の後ろ姿がブリューゲルであろうというふうにいわれています。

この「三学四科」が、教育プログラムの定番として確立するのは、四世紀から六世紀の間であったとされています。一方、一二世紀ごろから成立していた大学のほうでは、先ほども述べましたように、「三学四科」を出発とする哲学が、「下級学部」すなわち lower faculty の教育内容として位置づけられていて、その上に、「神、法、医」の各学部が、上級学部として設定されていたわけです。これについて、カントが非常に面白いことを書いています。カントは、一七八九年に『諸学部の争い』（カント二〇〇二）という文章をものしていまして、そのなかでこの「神、法、医」の三学部は専門職業教育をほどこす場所であると述べています。その一方で、下級学部である「哲」のほうは、文理基礎教育をほどこす場所であり、かつ、「理性」の府であるとしています。興味深いことにカントは、「神・法・医」という専門職業教育を受け持つほうの学部は、大学「外部」からの――多くは政府の――要請を受ける学部であり、かつ「最も強力で最も持続的な影響力を国民に及ぼす手段となる」ので「政府がいちばん関心を寄せる」（カント 二〇〇二：二六）とも書いています。それに対して、下級学部の「哲学」のほうは、「政府の命令から独立であり、命令を出す自由は持たないが、すべての命令を判定する自由を持つような学部」であり、理性の府であるがゆえに自由であって、「何かを真と思えという命令を受け入れない」（カント 二〇〇二：二七）のだ、と、ちょっと元気が出そうなことをいっています。ところでこのタイトルが少し気になりますね。カントが『諸学部の争い』と呼んでいるのは、哲学部対それ以外の学部の争いのことで、ここに緊張感があることを指摘しています。これは、哲学部とそれ以外の学部の性格の違いから生まれる緊張感で、この緊張感があることによって、大学としての組織全体の一体感も生まれるのだというふうにいっているわけです。

おそらくカントがとても皮肉な人だったのではないかと思うのは、彼が「上級学部と下級学部の区分及び命名を行うさいに相談を受けたのが、学者ではなくて政府であったことがよく分かる」（カント 二〇〇二：二六）というふうに書いているからです。つまり、専門職業教育を担当する学部のことを、「上級学部」と呼んで上に置き、文理基礎教育を担当する「理性」の府のことを、「下級学部」と呼んで下に置いたのは、学者のイニシアティブではなく政府のイニシアティブだろうといっているわけです。実際には大学が政府に相談してこのような仕組みをつくったわけでもないと思いますし、カントも実際にそうは思っていないと思うのですが、この構成の仕方が官僚的な発想に基づく、政府が考えそうなことだということを皮肉な言い方でいっているのだと思います。

このような、各学部に対する政府の関心の寄せ方に関しては、このあとすぐ考えてみたいと思うのですが、ここで少しアメリカの大学の形に触れておきたいと思います。アメリカの総合大学というのは、おおむねこの下級学部と上級学部の構造を継承していまして、大学のなかに、General Education を入れています。そして、その General Education が Major を緩やかにつないでいるという形です。この General Education というのは、日本の新制大学における一般教育のモデルになっているというふうにいわれています。

ところで、先ほどご紹介しましたように、『諸学部の争い』(カント二〇〇二)のなかで、カントは、政府が関心を寄せるのは、専門職業教育のほうだといっています。注目したいのはこの点です。

この章の説き起こしとなった、みなとみらいのデモンストレーションの発端である文部科学大臣の通知の話を思い出してみましょう。通知そのものも、学術会議の声明も、経団連の声明も、文部科学省の説明も、人文系学部長会議も、基本的に、「社会的要請の高い分野」――これはカギカッコで括ってあったりなかったりするのですが――あるいは「即戦力を有する人材」とか、「すぐに役立つ実学」とかいうもの「じゃない」もののことを、教養だといっています。実際はどうあれ、いくつかの声明を読んでみると、日本においては、一般教育とか人文社会とか、あるいは哲学部的な、あるいは教養教育的なものを、社会に要請されたり戦力として役立つ人材を育てたりするほう「じゃない」ほうの学問、としてとらえられているのではないかという気がしてきます。そのように考えると、なぜ、教養教育が弱体化しているというようなことが、巷間でいわれているのかというのが少しわかるようにも思えます。ここで、この「じゃない」に関して思い出される人の言葉をご紹介したいと思います。

これは、J・S・ミルがいったことです。一八六七年なので、いまから一五〇年ほど前に、セント・アンドリュース大学のレクター（Rector）――名誉学長というふうにいわれていますけれども――に就任したときの演説の内容です。「大学が国民教育のなかで果たすべき本来の役割については、十分に理解されていると思われます」（ミル 二〇一一：一二）、とミルは言っています。その役割がどんなものかというと、ミルはやや不思議に思えることを言っていて、「少なくとも大学がこうあってはならないということについては、ほとんどの人々の間で意見の一致がみられます。大学は職業教育の場ではありません。大学は、生計を得るためのある特定の手段に人々を適応させるのに必要な知識を教えることを目的とはしていないのです」（ミル 二〇一一：一二）。ここにも出てきますね、「じゃない」。ただしここでミルによって否定形で語られるのは、実は、職業教育のほうです。ミルは、職業教育じゃないほうが、大学の本流だというふうに言っています。もちろん、大学は専門職業教育をしてはならぬと言っているわけでもありません。「専門職に就こうとする人々が大学から学び取るべきものは専門的知識そのものではなく、その正しい利用法を指示し、専門分野の技術的知識に光を当てて正しい方向に導く一般教養をもたらす類のもの」（ミル 二〇一一：一四）――この「一般教養」というのは、'General culture' から和訳されているのですが――であると述べています。ここで何を申し上げたいのかというと、どっちを本流でどっちが「じゃない」ととらえるかはともかく、専門教育か一般教養かという、現在もなされている議論は、決して新しいものではないということです。実際にミルがこの演説をした一八六七年、一五〇年前の時点で、もうすでに新しい議論ではなかったはずです。

この、専門教育か一般教養か、あるいは、サイエンスかクラシックかということに関して、アメリカでの議論に参加した人が、ロバート・ハッチンスという人です。彼は、シカゴ大学という私立大学の教育課程をデザインしたときに、西洋古典をひたすら読ませるGreat Booksというものと、それから、Liberal Educationとしてあがっていたような科目の内から四つ、すなわち、読む技術に関係する「文法」、書き、話し、理屈づける技術に関係する「修辞」および「論理」、それから、理屈づける技術の神髄としての「数学」を統合してGeneral Educationというクラスターをつくるということを行いました。これは決して大学史のうえで初めての試みではないはずなのですが、シカゴ大学での試みは大学史のうえで代表的なものとされています。このときハッチンスは、General Educationの構想にあたって、「もしわれわれが人間に共通する性質の諸要素を引き出すようなカリキュラムを構築することを望むなら、この課程はその望みを実現するものであろう」（Hutchins 1936）というふうにいっています。彼はそのような発想で、西洋古典、およびLiberal Educationを中心とするGeneral Educationというものを構想したというふうに理解できます。

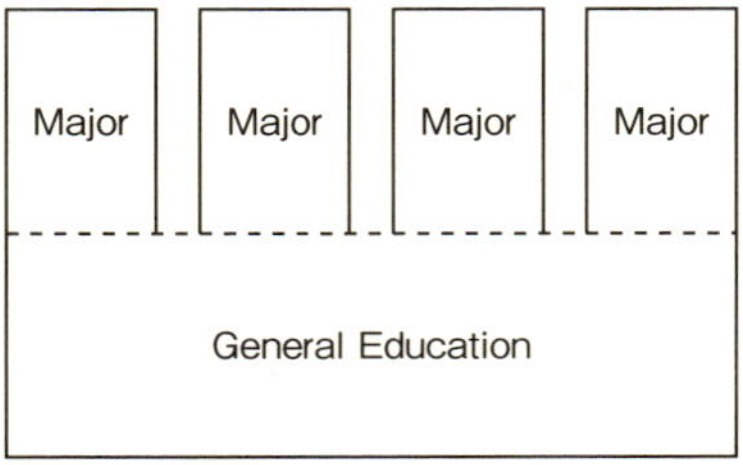

図 2-3　米国の総合大学学士課程の構造

アメリカの大学については、いろいろな理由がいわれていますけれども、ヨーロッパの大学と違って、ヨーロッパの大学がおおむね専門教育の府であるのに対し、アメリカの大学というのは中等教育、つまり高校までの教育を完成させるような'General Education'というものを取り込んだ構造になっているというふうにいわれています。

この、図2-3に示したような構造で、General Educationを講じているというのが、アメリカの大学の基本的な形なのですが、ロスブラット（一九九九）という人の指摘によると、アメリカでも一般教育と教養教育というものが混沌としているということです。彼はこう書いています。アメリカにおいて「一般教育は、自分自身を正当化し古代の名誉ある家系を自分のものとするために」（ロスブラット一九九九：一〇五）、つまり、自分の正当性を主張するために、教養教育すなわちLiberal Educationというものを必要とした。一方、一般教育全体は、「矯正策」あるいは弥縫策であり、「社会問題の解決を目ざす」ものであるというふうにいってもいるのですが、「幅広い学習という共通点」、あるいは「一般教育による教養教育のとりこみから」、このアメリカにおいても、一般教育と教養教育というのは、互換的に用いられるというふうに指摘されていて、結局、この用語には、少し混乱があるということを示唆しています（ロスブラット一九九九：一〇四-一〇九）。

4　日本の大学の教養教育

ここまでお話ししたことを前提にして、日本の大学のカリキュラムと「教養教育」の問題に入っていきたいと思います。

第二次世界大戦敗戦後に、日本の教育の立て直しを目指し、GHQの要請に応じて、米国教育使節団というのが来日しました。一九四六年の三月に一か月間だけ日本に滞在したこの米国教育使節団が、日本の教育の制度、その他を視察して、このような勧告を出しています。すなわち、日本の高等教育機関では、「一般教育に対する機会があまりに少なく、専門化があまりにも早く、あまりにも狭く行われており、かつ、「職業教育にあまりに力をいれすぎ」ているという批判をしています（村井 一九七九：一一六―一一七）。

ところが、この米国教育使節団の批判には、さらなる批判が出ていまして、高等教育に関わって教育行政学を専門とする市川昭午先生は、「ここで言われるジェネラル・エデュケーションは「専門教育」に対比される一般教育なのか、「職業教育」に対比される教養教育なのか」が、よくわからないと指摘し批判しています（市川 二〇〇一）。つまり、米国教育使節団の勧告では、専門教育じゃないジェネラル・エデュケーションのことをいっているようにもみえるし、職業教育じゃないジェネラル・エデュケーションのことをいっているようにもみえる。いずれにしても、ここでも、ジェネラル・エデュケーションのことを、「じゃないもの」としてとらえると、何をいっているのかよくわからないという批判があります。それから、そもそも、日本の旧制大学での専門教育の準備段階教育は、旧制高校や旧制専門学校の一般教育が負っていたことが無視されている、つまり、本来、日本の高等教育をみたいのであれば、高等学校段階からみるべきだったにもかかわらず、大学だけをみて、大学にジェネラル・エデュケーションがないといわれても、それは困るというような批判もありました。

ただ、日本の戦後に、民主主義を確立するために、民主主義社会のなかで「市民」の育成に与って力あるのが、一般教育であるとされたのは確かなことで、戦争が終わって五年目に出た、一般教育研究会がアメリカのジェネラル・エデュケーションについて研究したのちの報告書では、「民主社会になると、すべてが各個人の自主的な判断に基づいて」行われることが建前とされるので、「個人の総合的な判断力」というものが「絶対的に必要になる」としています（一般教育研究会 一九五〇）。つまり民主主義社会に必要な、個人としての自主性、あるいは市民性というのを涵養するためには、一般教育のカリキュラムが有効であると報告されています（一般教育研究会 一九五〇、吉田 二〇一三）。

このような経緯もあって、一九四七年に、大学基準協会から「大学基準」というものが出されました。これは、現在でも大学の外形的な基準を決めている「大学設置基準」の基となったものです。この一九四七年の大学基準協会の「大学基準」においては、大学側で「一般教養科目」として三つの系列を設置し、「人文科学関係」、「社会科学関係」、「自然科学関係」の三つの系列において、各々、三科目以上を提供しなくてはいけない、かつ、文系学部では一五科目以上、理系学部で一二科目以上の提供をしなくてはならないという基準をつくりました。逆に、学生の立場からすると、文系の学生なら、このなかから一〇科目履修しなければならず、理系の学生なら、九科目を履修しなければならないことが決められました。そして、また「じゃない」の話なのですが、最初の「大学基準」においては、この「一般

表 2-1　大学基準協会「大学基準」(1947 年)

「一般教養科目」
人文科学関係：哲学・心理学・教育学・歴史・人文地理学・文学・外国語
社会科学関係：法学・政治学・経済学・統計学・家政学
自然科学関係：数学・物理学・化学・地学・生物学・人類学・天文学
・学部は、各系列において各３科目以上かつ文系学部で 15 科目 以上、理系学部で 12 科目以上の提供
・学生は、文系学部なら 10 科目、理系学部なら９科目を履修
➡専門教育科目とは異なる科目とするという基準

教養科目」は、専門科目とは異なる科目としなくてはならないということが定められました(表2-1)。

この「大学基準」は、アメリカのアクレディテーション(適格認定)の基準にならってつくられたものですが、さらにこの「大学基準」を基にして、文部省令によって、一九五六年につくられたのが「大学設置基準」です。このとき、「一般教育科目」として、やはり、「人文科学関係」、「社会科学関係」、「自然科学関係」の三系列において、大学は各三科目以上、全体で一二科目以上を提供すること、学生は、各系列から三科目以上、全体で三六単位以上を履修すること、かつこれら一般教育科目は原則として専門教育科目とは別の科目とするという基準ができました(表2-2)。その後、細かい改正はありましたが、一九九一年まで、一般教育科目は三六単位という具体的な数値を伴った基準として必修とされてきました。このほかに、外国語科目八単位以上、保健体育科目四単位以上を、専門教育科目とは別に履修することが課されました。合計すると四八単位ということになりますが、この三六とか四八とかいう数字は、あとでまた出てきます。

このようにして、日本の大学の一般教育のカリキュラムが成立したわけですが、これは、すでにして「じゃないほう」として始まったので

表 2-2 「大学設置基準」(1956 年文部省令)

「一般教育科目」
人文科学関係：哲学・宗教学・文学・音楽・美術
社会科学関係：法学・社会学・政治学・経済学
自然科学関係：数学・物理学・化学・生物学・地学
・大学は、各系列において各 3 科目以上、全体で 12 科目 (48 単位) 以上を提供すること ・学生は、各系列から 3 科目 (12 単位) 以上、全体で 9 科目 (36 単位) 以上を履修すること
➡原則として専門教育科目とは異なる科目とするという基準

はないかというふうに思います。表2-1と表2-2にも書き込みましたが、まずもって、専門教育科目とは別に、大学が提供しなければならない科目数として設定されたわけですから、これは、組織にとっての一般教育、大学にとっての一般教育であって、学生個人の市民性の形成という「意味」への貢献は問われなかった、あるいは、問われにくかったという批判もあります。それから、卒業要件となる一般教育科目の必修単位数をめぐる攻防は、すなわち三六単位の内訳をいじることに腐心してしまって、一般教育の意味というのが問われなかったのではないかというようなことをいう人もいます。さらには、一般教育科目の担当の教員と、専門の科目を担当する教員に、給与、研究費、授業担当のコマ数などの処遇の差があったことも見逃せません。これは戦後、大学で一般教育科目を担当する教員として、高校とか専門学校とかの先生を招聘して大学の先生にしたことと関わっています。つまり一般教育はニューカマーであり、それまで日本の大学が大学教育の中身だと思っていた専門教育「じゃない」一群の科目として学内に備えることが大学の外側から求められたという、成り立ちの背景を指摘できると思います。

なお、戦後すぐの学生にも一般教育科目に関する戸惑いがあったということが記録されています。すなわち、戦後すぐの高校では、大学のための予備的教育というのを受けたはずなのに、大学に入ったらもう一度、一般教育の科目を受けなくてはならなかったとか、専門科目とは別個にあるものなので、専門科目との接続が不明であるとか、あるいはアメリカの大学などとは違って、学生にしてみれば大学に入った時点でもうこの先専攻する分野まで決まっているのに、これから広い教養を身につけて、何かの選択に生かすというのは理屈に合わないというような批判もされたと記録されています（市川二〇〇一）。

その後、ぐっと時間が飛びまして、一九九一年、大学設置基準の大綱化にともなって、「一般教育科目と専門教育科目の区分の廃止」が起きました。これはおそらく、日本の大学教育に関する、近年で最も大きな出来事だったと思うのですが、一般教育科目三六単位の必修などという数値基準が廃止されました。この廃止の背景には、一般教育科目が形骸化してしまい、意味をなさなくなっているといったような批判がありました。そこで、三六単位という区別のある卒業要件ではなく、「くさび形」と呼ばれていますが、専門教育の中に食い込むような形で、はじめは広範に、学年が上がるにしたがって焦点化するような形で、四年間を通して一般教育を受けられるようなカリキュラムが推奨されました。この大学設置基準の大綱化によって、「教育課程の編成に当たっては、大学は、学部等の専攻に係る専門の学芸を教授するとともに、幅広く深い教養及び総合的な判断力を培い、豊かな人間性を涵養するよう適切に配慮しなければならない」（文部省一九九一）とされました。この「幅広く深い教養」というのが、大学が教養教育を行う最大のエクスキューズになるというような基準の改定が起きたわけです。一般教育科目三六単位の必修は廃止され、また外国語と保健体育の科目の必修も廃止されました。ここで、一般教育の軽視が始まるのではないかという危惧に対して、大学審議会、つまり、大学設置基準の大綱化をデザインした人びとは、「大学人の見識を信じる」というふうにおっしゃっています。

少し話は逸れますが、一九九一年にこの大学設置基準の大綱化がありまして、その後すぐ、一九九五年に、地下鉄サリン事件が起きました。この事件は戦後最悪の無差別テロであるとされていて、一〇人を超える死者を含む多数の人びとが巻き込まれました。この地下鉄サリン事件が、日本の高等教育史において重要視されるのは、新興宗教の教祖の話を信じて地下鉄に毒物をまいた実行犯とされる人の多くが、いわゆる入試難易度の高い大学を出ていたからでもあります。この事件によって、日本の高等教育界は、大きなショックを受けることになります。「なぜ、大学を出ていて、地下鉄に毒をまくようなことをするのか」、「あっ、教養がないからだ」、「大学の一般教育の必修単位数の基準を廃止してしまったからだ」というような理屈づけをするような言説が、多く流布しました。これは、実は間違っていて、地下鉄サリン事件で、幹部と呼ばれる人たち、あるいは実行犯と呼ばれるような人たちは、ほぼ全員大学設置基準の大綱化の前に大学を出ている人たちなので、大学で一般教育科目を、必修科目として履修しています。これはどういうことかというと、地下鉄に毒物をまくことと、大学で一般教育科目を履修することは、ほとんど関係がないと思われるということです。ただしここで注目すべきは、それにもかかわらず、おそらくこの事件が大きな契機となって、もう一度、大学での教養教育を考え直そうという揺り戻しがあったということです。

話は戻りまして、大学審議会は、設置基準を大綱化したときに、一般教育というのを軽視しないような「大学人の見識を信じる」といっています。では、実際に大学人がその信に応えたかというと、これについて私が勤務しております大学評価・学位授与機構（当時）が、大綱化から一〇年経った二〇〇一

表 2-3 「国立大学における教養教育の取組の現状」調査結果

（出典：大学評価・学位授与機構 2001）

		全体	文	人文	法	経済	理	工	農	医	薬	教育
卒業要件単位数	平均	129	129	126	134	130	126	128	128	128	137	129
	最大	152	140	130	152	144	139	145	145	145	147	144
	最少	124	124	124	124	124	124	124	124	124	130	124
一般教育関連科目要件	平均	41	42	42	42	42	43	43	44	33	44	36
	最大	82	53	64	53	53	70	82	64	61	61	68
	最少	20	22	30	30	22	23	20	26	20	20	22
一般教育関連科目割合（%）	平均	32	33	33	31	32	34	33	34	26	32	28
	最大	63	39	52	38	39	56	63	52	42	43	55
	最少	14	18	23	24	18	18	16	20	16	14	18

年に調査をいたしました。「国立大学における教養教育の取組の現状」（大学評価・学位授与機構 二〇〇一）について調査したもので、全国の国立大学を対象に、大綱化後の今日、いったいどれくらいの教養教育っぽい科目を課しているかと尋ねたわけです。その結果についてお話しします。大学設置基準に定める卒業に必要な単位は一二四単位ですが、実際に大学の運用をみると、この卒業要件となる単位数は平均して一二九単位でした。その一二九単位のうち平均して四一単位ぐらいは、一般教育っぽい、あるいは教養教育っぽい授業の履修を卒業要件として課しているという結果が出ました（表2-3）。この数字を大綱化前の数字と比べますと、保健体育と外国語を含めると、大綱化前四八単位が必要だったので、平均して七単位ぐらい減っているということになります。この、一般教育科目の減について、調査の主体であった大学評価・学位授与機構は、どう受け取ったかについてお話しします。少し細かい数値ですが、大綱化前は四八単位の修得を求められていました。この四八単位というのは、卒業要件だった一二四単位の三九％です。一方、調査の結果、二〇〇一年の時点で、かつての一般教育の比率だった三九％を割り込んだ国立大学が全体の八五％だったことが明らかになりました。

ここで大学評価・学位授与機構の報告書は、「単純な比較は意味を持たないが、それでも、三九％未満の割合となる学部が八五％にも達することは特筆すべきであろう」（大学評価・学位授与機構 二〇〇一）と、驚いているか、あるいは、驚いているふりをしています。

私は当時の大学評価・学位授与機構に勤めていて、いまも勤めているのですが、この調査には関わっていないので、第三者的な立場で論評したいと思います。そもそもこの調査には限界があったと思います。そしてその限界が、この章のねらいとも深く関わってくるのですが、最大のポイントは、この調査が、一般教育関連科目は何単位を必修としていますかと聞いているにもかかわらず、一般教育科目とは何かという定義をしていないことです。ただし定義をしないことには理由があって、一般教育的なものをどのようにとらえて実施するかについては、教養教育と専門教育の関係とか、教養教育の呼び名とかいった大学ごとの事情もあるので、各大学の自主性に委ねられていると、この報告書はいっています。また、教養教育とは何か、それをどのように実施するのかについては、法令上に一律の規定がない。必ずしも教養教育にあたる教育が教養科目と呼ばれているわけでもない。だからこの調査では、各大学の教養教育に関するとらえ方に基づいて調査をしました。つまり、みなさんが教養教育だと思っている科目は何科目ありますかというような聞き方をしたわけです。その結果、「特筆」すべきことに、大綱化前の数値目標があった時代よりも教養教育的なものが減っている大学が八五％にものぼっていると驚いているのだけれども、私は、驚くべきはそこではなくて、むしろ一般教養科目の定義を欠いたまま、一般教養関連科目に関する調査をしてしまったことこそ驚くべきではなかったかと思うのです。ただ、そうはいうものの、よく考えてみれば、大学評価・学位授与機構のような役所に近い機関が、一般教育科目とはこうでございますという定義を勝手にするのも、何か少し気恥ずかしいようにも思われます。いずれにしても、ここで何が言いたいかというと、この調査でもやはり、一般教養科目というのは肯定型の定義をなされていないということです。

ここでご注意いただきたいのは、私は一般教養関連科目に関する調査が、一般教育科目に関する定義なしに行われたことの善し悪しを言いたいわけではないということです。ここで着目したいのは、ことほど左様に一般教育科目は「専門科目じゃないほう」として扱われ、その状態が続いたまま今日まできたのではないかということです。

5 教養教育のダイナミズム

紙幅がなくなってきましたので、この先は少し大づかみにお話しします。二〇〇一年にこの「国立大学における教養教育の取組の現状」の調査がありまして、それを受けたのか受けていないのかはわからないのですけれども、中央教育審議会が、二〇〇二年に「新しい時代における教養教育の在り方について」[4]という答申を出したり、あるいは、二〇一〇年には日本学術会議が「二一世紀の教養と教養教育」[5]という提言を出したりして、[10]大学の一般教育あるいは教養教育については議論百出中です。市川昭午先生は大学の教養教育について、「昔も今も内外の大先生、小先生による教養に関する論述が無数にあるが、それらが収斂するところはない」（市川 二〇〇一：六四）というふうに書いておられます。

というわけで、この議論というのは、もちろんまだ結論に至っておらず、だからこそ、成城大学共通教育研究センターでも、五回シリーズの教養教育に関するシンポジウムがもたれ、それを基にした本書が上梓されるのだと理解しております。ここまでが、歴史のお話です。

この先は、私の考えることで、おまけみたいなものですが、このように歴史をみてくると、どうも、日本の大学の一般教育、あるいは教養教育とかいわれているものは、否定形で話されてきたのではないか、つまり、「あっちじゃないほうのもの」というようなとらえられ方をしてきたのではないかと思うわけです。ここでいう「あっち」とは専門教育のことです。これは日本に限らず、その前に触れたアメリカの大学の形をみても、あるいは、もっと顕著に中世ヨーロッパの哲学部にもみられたように、教養教育は「じゃないほう」として語られてきたのではないかと思うわけです。ここで、もしも教養教育を力あるものにしたいのであれば、それは教養教育を肯定系で話すしかないのではないかというふうに思われます。そうなると、次の問いを問わざるをえなくなります。現代の大学の教養教育、あるいは、教養教育的なものを、「＊＊じゃないほうの」というようないい方ではなくて、「である」の形でいうにはどうすればよいのか。

最初に記したように、私は何か答えをもっているわけではありません。むしろこの先は、みなさんのお考えを聞いてみたいのですが、章を閉じるにあたって少し整理を試みたいと思います。「一般教育」

［4］http://www.mext.go.jp/b_menu/shingi/chukyo/chukyo0/toushin/020203.htm（最終閲覧日：二〇一八年四月二七日）
［5］http://www.scj.go.jp/ja/info/kohyo/pdf/kohyo-21-tsoukai-4.pdf（最終閲覧日：二〇一八年四月二七日）

というのはカリキュラムのなかにおける科目の一群の名前ですが、こうしてみてくるとどうやら、「教養教育」というのはカリキュラムの種類ではなくて、かつて自由民の技術、artes liberales といわれていたものである。そのエリートの学びであった「教養教育」が、大学の課程に組み込まれたときに「一般教育」と呼ばれ、高等教育の変遷と共に変貌しているというのが、まず一つの前提として指摘できるかと思います。そのうえで、大学教育がもうエリートの教育ではない現代において、すなわち、中産階級が拡大して、大学を出た人たちも就職を心配しなくてはならないような現代にあって、あるいは、当然、女性が大学や労働市場に参入して以来もう長い時間が経ち、そして人とモノと情報の国際的な流動性の上がっている現代にあって、かつて artes liberales であった教養教育は、どんな話法をとれば肯定型で語りえるのかということ、これが、私が本章で提示したい疑問の最も大きいところです。

その疑問をブレイクダウンして、現代の教養教育というものを考えるときに、たとえば現代の自由民の技術というのは、何から自由な人びとの技術なのかという問いを立てることも、教養教育の輪郭をとらえるときに有効なのではないかと考えます。この問いに対する私のごく個人的な答えというか、可能性として疑っているのは「偏見」です。これはあくまで一例ですが、偏見から自由な人を育てるのが教養教育の仕事の一つではないのか、というふうに、肯定型で語るための問いを立てていくことができるのではないかと思います。あるいは、教養教育は「下級学部」が行う「基礎教育」なのか。それから、文部科学大臣の通知からずっと引っかかっていることなのですが、教養教育というのは本当に「すぐに役立たない」のか。むしろ始点がどこであれ「いつまでも役立つ」、あるいは少なくとも「いつまでも役立つことが期待されている」といういい方が正しいのではないか。あるいは、教養教育というのは、スタティックなもので、一度決めたらなかなか動かないものだという印象があるようだが、それは本当にそうなのか。これらの疑問というのが、私が教養教育に関して考えるときに、ブレイクダウンしてみるポイントのいくつかです。

ここでもう一度、カントの話を思い出してみたいと思います。カントはこんなふうにいっていました。「上級学部と下級学部の区分及び命名を行うさいに相談を受けたのが、学者ではなくて政府であった」（カント二〇〇二：二六）ので、大学は哲学部が下に置かれるような構成になっている。では相談を受けたのが政府ではなくて学者だったら、大学はどんな形になっていたのかという問いもありうると思います。そこで思いつくのは、たとえば、図2-1の上級学部と下級学部の上下の構造をひっくり返してみてはどうかということです。およそ大学で教育を受けた人たちは、発想と批判と判断の合理性においてかくあるべしという像に、一般教育だけでなく専門教育も向かっているというふうな考え方はできないだろうか。特に、教養教育というものが、「世界と私の関係」を効果的に示すものなら、一般教育が専門教育の土台になるという考え方ではなくて、現代の専門教育のほうが教養教育のほうに意味を与えうるのではないか、というふうに問うこともできると思います。また、先ほど、教養教育というのはスタティックなものであるのかという疑問も提示しましたが、紛争、貧困・格差、人口流動、技術革新などが起きているときに、すなわち社会がダイナミックである現代において、大学における教養教育というものは、実は大きなダイナミズムをもちうる領域ではないのかというふうに考えます。

あるいは、一般教育のカリキュラムと教養教育を別のものだと腹をくくって考え直してみるとか、あるいは、大学独自のグレート・ブックスをリストしてみるとか、そして教養教育についてわれわれが、ああもあろう、こうもあろうというふうに考えているところを、学生にみせてみるとか、教養教育を肯定型で語るための道筋はいろいろ考えられるとは思うのですが、何度も繰り返すように、私は何か答えをもっているわけではありません。そこで、もう少し答えをもっていそうな人を引用して、本章を終わりたいと思います。

ミルはこんなふうにいっています。「では、この究極の目的とは何であるかと申しますと、それは、自分自身を「善」と「悪」との間で絶え間なく繰り返される激しい戦闘に従軍する有能な戦士に鍛え上げ、人間性と人間社会が変化する過程を生じて解決を迫る日々新たな問題に対処しうる能力を高めることであります」(ミル 二〇一一：一三三)。これはいまから一五〇年前にいわれたことですけれども、この指摘は今日でも生きているのではないでしょうか。教養教育というのは、どうやら静かなものではない、むしろ、常にダイナミズムを期待されているものではないかということを、われわれは考えてみてもいいと思います。

つまり教養教育とは否定型ではなくて肯定型で語りうるものであり、大学全体の目的に従属するものではなくて大学の目的そのものであり、そして静的ではなく動的なものである、このように考えるところまでたどり着きました。これで、この章を閉じることにします。

――参考文献

市川昭午（二〇〇一）『未来形の大学』玉川大学出版部

一般教育研究会［編］（一九五〇）『大学――その理念と実際』國元書房
カント・I／角　忍・竹山重光［訳］（二〇〇二）「諸学部の争い」『カント全集 一八』岩波書店、一-一五六頁
国立大学法人一七大学人文系学部長会議（二〇一五）「国立大学法人一七大学人文系学部長会議共同声明」
大学評価・学位授与機構（二〇〇一）「国立大学における教養教育の取組の現状」〈http://www.niad.ac.jp/sub_press/houkoku/RHI2T1GENJO.pdf（最終閲覧日：二〇一八年一二月一二日）〉
日本学術会議（二〇一〇）「日本の展望――人文・社会科学からの提言」〈http://www.scj.go.jp/ja/info/kohyo/pdf/kohyo-21-tsoukai-1.pdf（最終閲覧日：二〇一八年一二月一二日）〉
日本学術会議（二〇一五）「これからの大学のあり方――特に教員養成・人文社会科学系のあり方に関する議論に寄せて（日本学術会議幹事会声明）」〈http://www.scj.go.jp/ja/info/kohyo/pdf/kohyo-23-kanji-1.pdf（最終閲覧日：二〇一八年四月二七日）〉
日本学術会議（二〇一七）「学術の総合的発展をめざして――人文・社会科学からの提言」〈http://www.scj.go.jp/ja/info/kohyo/pdf/kohyo-23-t242-2.pdf（最終閲覧日：二〇一八年四月二七日）〉
日本経済団体連合会（二〇一五）「国立大学改革に関する考え方」〈http://www.keidanren.or.jp/policy/2015/076.html（最終閲覧日：二〇一八年四月二七日）〉
松浦良充（一九九九）「リベラル・エデュケイションと「一般教育」-アメリカ大学・高等教育史の事例から」『教育学研究』六六（四）、四一七-四二六
ミル・J・S／竹内一誠［訳］（二〇一一）『大学教育について』岩波書店
村井　実［全訳解説］（一九七九）『アメリカ教育使節団報告書』講談社
文部科学省高等教育局（二〇一五）「新時代を見据えた国立大学改革」〈http://www.mext.go.jp/component/a_menu/education/detail/__icsFiles/afieldfile/2015/10/01/1362382_2.pdf（最終閲覧日：二〇一八年四月二七日）〉
文部科学大臣（二〇一五）「国立大学法人等の組織及び業務全般の見直しについて（通知）」〈http://www.mext.go.jp/

b_menu/shingi/kokuritu/003/shiryo/attach/1364527.htm（最終閲覧日：二〇一八年四月二七日）〉
文部省（一九九一）「大学設置基準の一部を改正する省令の施行等について（通知）」〈http://www.mext.go.jp/b_menu/hakusho/nc/t19910624001/t19910624001.html（最終閲覧日：二〇一八年一二月一二日）〉
吉田　文（二〇一三）『大学と教養教育――戦後日本における模索』岩波書店
ロスブラット・S／吉田　文・杉谷祐美子［訳］（一九九九）『教養教育の系譜――アメリカ高等教育にみる専門主義との葛藤』玉川大学出版部
Hutchins, R. M. (1936). *The higher learning in America*, New Haven: Yale University Press.
Mori, R. (2016). In defense of liberal education, *Liberal Education, 101/102* (4/1)〈https://www.aacu.org/liberaleducation/2015-2016/fall-winter/mori（最終閲覧日：二〇一八年四月二七日）〉

3章

情報メディアの教養教育

人文社会情報学の視点から

伊藤　守

伊藤《いとう》　守《まもる》

1954年山形県生まれ。法政大学大学院社会科学研究科博士課程満期退学。現在、早稲田大学教育・総合科学学術院教授。専攻は社会学、メディア・スタディーズ。

メディア・スタディーズの視座や理論を大学の授業にとどまらず、広く市民へと開くための活動を継続している。早稲田大学メディア・シティズンシップ研究所では、アカデミックと市民をつなぐためのさまざまな言葉、イメージ、実践を展開する場をつくりながら、新しい／オルタナティブなメディア公共圏を創出するための研究を行っている。近年は、「情動」をテーマにして、メディアと情報のあり方を批判的に分析するための理論を構築している。また、福島第一原子力発電所事故の報道を事例にして、メディアと視聴者の間にある権力関係とイデオロギーを明らかにし、メディア権力と対峙するための理論や実践が、市民や視聴者の日常的な空間における教養や技法になることを目指している。

著書に、『情動の社会学——ポストメディア時代における「ミクロ知覚」の探求』(青土社、2017年)、『情動の権力——メディアと共振する身体』(せりか書房、2013年)、『テレビは原発事故をどう伝えたのか——ドキュメント』(平凡社、2012年)、『記憶・暴力・システム——メディア文化の政治学』(法政大学出版局、2005年)、『よくわかるメディア・スタディーズ』(編著、ミネルヴァ書房、2015年)、『ニュース空間の社会学——不安と危機をめぐる現代メディア論』(編著、世界思想社、2015年)、ほか。

1　はじめに

大学の教養教育におけるメディアの教育について、いわゆるメディア・リテラシー教育を念頭においた内容よりも、もう少し広い視点からお話ししたいと思います。

最初に、私自身の立場といいますか、私自身の見解をまず述べておきます。大学の教養教育のなかで、私自身は、哲学、経済学、政治学といった現在の基幹科目と同様に、すべての大学生が、メディア学を学ぶべきだ、と考えています。なぜ、メディア学を学ぶべきなのか、その点についてお話をさせてください。

今日のお話について、聞き慣れないと思いますが、「情報メディアの教養教育」、サブタイトルとして「人文社会情報学の視点から」というテーマをつけました。「人文社会情報学」という概念については、耳にされたことがないと思います。科学研究費の申請の際の枠として、すでに「人文社会情報学」という分野が設定されているのですが、一般には馴染みの薄いコンセプトです。とはいえ、なぜ、こうした概念をあらためて提示したのかということについて、まず、お話をします。

2　人文社会情報学の領域

日本学術会議が中心になって、各学問分野における「参照基準」の策定[1]という作業を進めてきました。

二〇一六年三月に、情報学委員会から、情報学分野の「参照基準」を提出しました。この「参照基準」ですが、哲学、経済学、社会学、それから理系の分野を含めて、大学で教授すべき、各学問分野の輪郭と内容を明示するという目的で検討を進めてきました。理系と文系さらに医学系を含めて、あらゆる分野で、「参照基準」づくりを進めたわけです。二〇一六年の段階で、ほぼすべての学問分野が提出を終えたと思います。もちろん、各大学が、この「参照基準」に縛られる必要はありません。所属するスタッフの専門分野であるとか、大学が置かれた環境に応じて、独自の教育カリキュラムをつくることが必要ですし、そのこと自身が大切な事柄であるわけです。

とはいえ、一方で、全体としてこの学問分野は、たとえば情報学の分野は、こういう領域をカバーしています、こういった内容を教育研究する領域です、と明示することが重要です。それを参照しながら、各大学が得意な分野を手厚くしたり、教育内容にメリハリをつけたりして、独自のカリキュラムを組む。まさに高等教育機関が学問分野の現在の大枠を「参照」するための「基準」を示すために、「参照基準」づくりが行われたということです。

ところで、私の専門は社会学ですが、日本学術会議の情報学委員会の連携会員として、東京大学を辞められて、いま、東京経済大学で教鞭をとっておられる西垣通さんと一緒に、情報学の「参照基準」づくりに参加しました。

文系の私が情報学の「参照基準」づくりに参加したと聞かれると、意外に思われるのではないでしょうか。情報学とは、コンピュータ・サイエンスに代表される理系の分野であって、文系とは無縁の学問分野ではないか。伊藤がそれに関与するのは場違いではないか。そう思われるかもしれません。

表 3-1　情報学分野における教授すべき大枠
（日本学術会議情報学委員会情報科学技術教育分科会 2016）

ア．	情報一般の原理
イ．	コンピュータで処理される情報の原理
ウ．	情報を扱う機械および機構を設計し実現するための技術
エ．	情報を扱う人間社会に関する理解
オ．	社会において情報を扱うシステムを構築し活用するための技術・制度・組織

しかし、これが最初にお話ししたい主題なのですが、西垣さんと私が参加して、今回初めて、情報学という分野に、「社会情報学」、「人文社会情報学」が位置づけられることになったのです。

情報学分野で基本的に、どのようなことを教授すべきかの大枠として、表3-1に「ア」から「オ」までを示しています。

情報学といえば、一般の方も、専門家も、先ほど申し上げたように、理系の学問である、コンピュータ科学、情報システム学、ソフトウェア科学を含めて理系の学問分野であると長らく考えられてきました。実際、現時点でも、そう考えられている。しかし、それだけではなくて、情報学の専門家の方々の間にも、人文社会科学の研究とメディア学に関する研究領域を無視できないということが広く認識され始めて、今回、このような「社会情報学」ないし「人文社会情報学」の教育研究を内包する形で、情報学の固有の知識体系を提案したということです。それは画期的なことだと思います。

［1］各学問分野における「参照基準」について、日本学術会議は「大学教育の分野別質保証のための教育課程編成上の参照基準について（解説）」において、（一）分野の定義・特性、（二）すべての学生が身に付けることを目指すべき基本的な素養、（三）学習方法及び学習成果の評価方法に関する基本的な考え方、（四）市民性の涵養をめぐる専門教育と教養教育のとの関わり、という四項目から構成されていることを明示している。〈http://www.scj.go.jp/ja/member/iinkai/daigakuhosyo/pdf/kaisetsu.pdf（最終閲覧日：二〇一八年九月六日）〉

少し中身に立ち入ってご説明します。

まず、「ア」ですが「情報一般の原理」となっています、これは、基礎情報学として、情報に関する学的な規定を行う基礎理論、情報一般の原理を探究する分野です。それから、「イ」は「コンピュータで処理される情報の原理」、「ウ」は「情報を扱う機械および機構を設計し実現するための技術」です。これら「イ」と「ウ」は、これまで情報学分野の中心的な領域を構成してきた領域です。情報科学＝コンピュータ・サイエンスの分野です。「ウ」は、そのなかでも半導体など機械としてのコンピュータを設計する情報工学の領域を指しています。

一つ飛ばして、「オ」は「社会において情報を扱うシステムを構築し活用するための技術・制度・組織」と書かれていますが、コンピュータを組み込んだ各種の情報システム、たとえば観測システム、制御システムなどの開発に関わる分野です。一般に、情報システム学といわれている分野です。それにプラスして、今回立てられた新しい領域が、「ア」と「エ」で書かれた「情報一般の原理」と「情報を扱う人間社会に関する理解」です。

これは、手前味噌ですが、先ほど指摘したように、画期的なことだと思います。これまで、情報学＝インフォマティクス（Infomatics）といえば、コンピュータのハードとソフトの両方をカバーする情報科学（Computer Science）、それから情報システム学から構成された学問分野であるというふうに考えられてきたわけですけれども、それにプラスして、「基礎情報学」の分野、それから、「情報を扱う人間社会に関する理解」――これが「人文社会情報学」です――が、情報学のなかに明記されたのは非常に重要なことだ、と私は考えているわけです。

この「参照基準」を参考にしながら、大学の教育も、それから高校の教育においても、実際の教育カリキュラムを検討することになるでしょう。その点に、私はたいへん期待しています。

繰り返し指摘しますが、これまで、情報学のなかでは、人文社会情報学といった、私のように社会学やメディア研究の分野の研究者は、周辺の、マイナーな存在でしかありませんでした。ちょっときつい言葉でいえば、コンピュータ・サイエンスを専門に研究している方々からすると、「蚊帳の外」の存在です。けれども、「もうそれでは駄目だ」と。「新しい技術ができれば、社会は良くなる」、「新しい技術ができれば、より便利になる、人間の生活は豊かになる」という単純な考え方では、人間と技術の複雑な関係をとらえ損ねてしまいかねない、ということに多くの研究者が気づき始めたということです。理学部や工学部といった学部・大学院の研究教育でも、情報に関する基礎理論と、社会や人間とメディアに関する基礎知識を身につけてもらう必要がある。ようやくそうした理解が生まれたということだと思います。

ここで少し文脈を変えてお話をしたいのですが、高校に教科「情報」があります。高校におけるその教科「情報」について、今後どうしていくかということが、いろいろと議論されています。そのなかで、ニュースでも報じられていますが、小学校から「プログラミング」教育を行うことが議論されています。私は、それなりにそのことは大事だと思っています。論理的な思考を高めていくという意味では、「プログラミング」という科目を小学校の段階から開始するということは、それはそれとして大事なことだとは思います。

その延長線上で、高校の「情報」はどうなっていくか。私はたいへん気になっているのです。率直に言えば、危惧している。現在、高校の教科「情報」の改訂を行う時期に差しかかり、さまざまに議論されているのですが、私は肝心な点が疎かになっているように感じている。高校の「情報」は、「情報社会」と「情報科学」の二つの分野からできています。その二つの柱があるなかで、現在、「情報科学」のプログラミングに関する分野を、より手厚く高校から教えたいという方向が強まっているからです。従来の情報学、情報科学の分野の基礎部分を、高校の段階でより手厚く教えるという方向になりそうな状況です。

しかし、私からみれば、実はそのことよりも、基本的に、情報とは何か、情報社会というのは私たちの社会にどんな可能性と課題を提起しているのか、それから、私たちが日常に使っているスマートフォン、モバイルメディアを通して、人間の関係やあるいは一人ひとりの思考にどういう変化が生じているのかといったことを、高校生の目線に立って教えることのほうがずっと重要だと思えるのです。

高校の「情報」の教科書を見ると、二つの柱のうちの一つである「情報社会」の分野で取り上げられているのは、主に情報倫理です。「スマートフォンは、こういうふうに使わないといけません」、「マナーを学んで、こういうふうに使いましょう」といった情報倫理が主要なテーマなのです。その点ではよくできているのですが、先ほど申し上げた、情報技術というものが社会にどんな影響を与えているかということを、ベーシックに、きちんと教え、考えさせる、そうした教科書にはなっていない。

いま、高校のことについて話しましたけれども、大学も同じです。大学の教養教育のなかで、現在の科学技術、とりわけメディア技術が、社会と人間に対してどういう影響を与えているのかということを、きちんと教えるようにはなっていない。一方で、理系の学問分野に入った学生は、コンピュータ・サイエンスの専門分野に最初から入っていく。他方で、文系に進んだ学生も、教養教育のなかで、メディアと情報に対する包括的な理解を深める科目があるかというと、決してそんな状況にはなっていない。ですから、先ほど申し上げたように、私は、現代の、大学における教養教育として、ほかの哲学や経済学と同じように、情報学、メディア学というものを設置し、教育していく必要があると思っている。

早稲田大学では、私は、全学開講の「メディア論入門」という科目をもっています。私なりに、なんとかいま述べた課題に応えたいと思い、講義をしているところです。情報をめぐる教育の現状について、私自身、いま申し上げたことを、現状認識としてもっている。すなわち、「情報学は理系の学問か？」という問いには、決してそんなことはない、とお答えしたいですし、人文社会情報学からの教育が必要だ、ということです。

では、具体的に、人文社会情報学という分野に立脚して、メディアや情報に関して、どのような教育が求められているのでしょうか。これまで、どんな教育が行われ、いまそれをどう前進させていけばよいのでしょうか。ソーシャルメディアが浸透するなかで、実際には、これまで以上の困難、あるいは課題があるように感じています。後半はその点についてお話ししましょう。

3　従来のメディア教育——メディア・リテラシー教育

大学教育のなかで、情報とメディアに関しての教育が行われてこなかったかというと、決してそうではありません。代表的なのは一九八〇年代から始まった「メディア・リテラシー」教育です。この概念は、学問的な専門分野というよりは、私たちの日常的な用語としても使われ始めた。「メディア・リテラシー」という概念は、実践的な教育分野あるいは課題として提起されたといえます。これが次第に浸透して、大学教育のなかでもメディア・リテラシー教育、市民教育のなかでもメディア・リテラシー教育ということが叫ばれ、実際に多くの実践が行われてきた。日本は八〇年代後半から九〇年代に入って、世界でみると、七〇年代からイギリスとカナダで、精力的に行われてきたという経緯がある。

では、そこで行われてきたのは、どういう内容だったか。このことを、お話しします。端的に言えば、「メディアが流す情報というのは鵜呑みにしてはいけませんよ」、「メディアが提供する情報を批判的に読み解く能力を鍛えましょう」ということだった。情報を読み解く能力を育てる必要があるということです。私は、今日の話の最後に、現代はこのメディア・リテラシー教育が提起した課題以上のことを考えないといけない、と締めくくるつもりなのですが、それでもこのメディア・リテラシー教育は確かにいまでも必要な学習内容だ、と思っています。

具体的にどういう内容か、映像を見ながら説明していきましょう。話題になりましたから、この映像を記憶されている方も多いと思いますけれども、二〇〇三年、イラクのフセイン政権がアメリカによって打倒されたときのシーンです（図3-1）。日本のテレビでも、この映像は流されました。ただし、日本でどの映像が報道されたのかというのは、きちんと検証する必要があります。

この映像は、米軍兵士がアメリカの国旗をフセインの銅像に被せるというシーンで、その後に、兵士が鉄の鎖を首に巻いているシーンになります。そして銅像を実際に引き倒していく。一分くらいの映像です。次に、別の映像です。フセインの銅像が倒されるシーンがアップされていたので、それを見てください（図3-2）。

図3-1　米軍兵士がフセインの銅像に米国国旗を被せるシーン[2]

図3-2　フセインの銅像が倒れたシーン[3]

さて、精確に検証する必要がありますが、問題は、この二つの映像のうち、日本で報道された際に、どちらの映像が使われたかということです。これはとても重要な点です。と言いますのは、この二本を見ればわかるように、とりあえず銅像がある所に、米軍の戦車が向かっていって、最初に国旗と鎖を付けたのは米軍の兵士です。彼らが銅像に登っていって鎖を付けている。次に、イラクの一般の人が、アメリカの星条旗を銅像の顔に被せるというシー

［2］「米軍によって倒されるフセイン像――Saddam Hussein Statue Pulled Down To The Ground」〈https://www.youtube.com/watch?v=SdD3mNygfV4〉（最終閲覧日：二〇一九年一月八日）

［3］ＮＨＫアーカイブス・ＮＨＫ名作選『イラク戦争――フセイン体制崩壊』〈https://www2.nhk.or.jp/archives/tv60bin/detail/index.cgi?das_id=D0009030315_00000〉（最終閲覧日：二〇一九年一月八日）

ンが入る。この映像を見れば、一般の住民の人が、フセイン打倒を喜び、フセインの銅像を倒した、という単純な解釈はできないですね。そう読み取ることはできません。国旗と鎖を付けたのは米軍の兵士であるということが、この映像を見れば、すぐにわかりますから。しかし、米軍の兵士が鎖をかけているシーンが、「編集」によって、この場面から外され、イラクの一般の人が、アメリカの国旗をフセインの顔に被せて引っ張っているシーンだけが映されたら、また映像で示したように、銅像が倒れたところに走り寄るイラクの住民だけが映し出されたシーンを見れば、私たちは、「ああ、イラクの人びとは、米軍がイラクに侵攻してフセイン政権を倒してくれたことを、感謝している」と読み取ってしまうでしょう。

実際に日本では、どの映像が使われたかということを、先ほども指摘したように、検証しなくてはいけないわけですけれども、最初の報道は米兵がいないシーンだったのではないでしょうか。というのも、報道されてから一週間か二週間ほど経過したあとに、あのシーンは、実際には、米軍が主導して銅像を倒したシーンだった、しかも多くの住民があの場所に集まって、歓声とともにフセインの銅像を倒したのではなく、わずかなイラク人がいただけだ、ということがわかり、話題になったからです。最初に報道されてから一週間か二週間ほど経ったあとですね。

ここからいえるのは、私たちがテレビで見ているそれぞれの映像のシーンが、どれをカットして、どのシーンを入れるかということで、印象はまったく違うものになるということです。このように映像を実際に検証することで、メディア・リテラシーを高める教育が行われてきた。

さらに、一歩進んで、実際にカメラを使って、実際に撮影して、編集を行ってみる。これで、映像がいかに現実の一部を切り取っているかを教えてきたわけです。これがメディア・リテラシー教育だったといえるでしょう。同じ現実であっても、どの視角から対象をとらえたか、どの時間に照準して撮影し、どう編集をして、どのように映像を見せるか、そのことを実際に体験して、私たちに伝わってくる内容に差異が生まれることを学ぶ。メディア・リテラシー教育は、これまで、こうした実践を行ってきたわけです。

もう一つの例を出しましょう。アメリカ大統領トランプの写真です（図3-3）。

先に結論を言いましょう。テレビのカメラは、常に現実を写し出す鏡として機能しているわけではありません。どういうことかというと、テレビが入り、カメラの前に立ったら、誰もが、カメラに合うように振る舞います。どう伝わるかということをそれなりに考えて、被写体の人は、現実をつくっていく。トランプももちろん十分に考えて行動している。赤いキャップに、彼のスローガンの'MAKE AMERICA GREAT AGAIN'と書かれている。どうして、この世界有数の資産家がキャップを被っているのか。キャップを被ることが、アメリカの中

図 3-3　キャップを被るドナルド・トランプ[4]

［4］Description: Donald Trump speaking with supporters at a campaign rally at Fountain Park in Fountain Hills, Arizona. Photo: Gage Skidmore/Flicker 〈https://www.flickr.com/photos/22007612@N05/25832785252（最終閲覧日：二〇一九年一月八日）〉cc-by-sa-2.0

図 3-4　演説中のトランプ大統領
（背後に支持者を配置）[5]

図 3-5　G7 閉幕後の安倍首相会見[6]

産階級よりも下の、ロークラスの人たちに共感を抱かせ、支持が広がることを彼はわかっているわけです。これだけではないですね。

彼が登場する映像では、彼の後ろに、多くの支持者が歓声をあげるシーンがたびたび登場します。そして、多くの観客がいる前でトランプが演説する際に、テレビのカメラがとらえる支持者の最前列には白人ではなく黒人やアジア系の人たちを並ばせて、彼らからも支持を集めている、とアピールする。さらに、わかりやすい英語で、誰もが聞き取りやすい英語で喋る。こうして、テレビを利用して、まさに、彼による自作自演の「現実」をつくっていっているわけです（図3-4）。

繰り返すと、テレビで放送されることを折り込み済みで、カメラの前にいる人たちは演出をしているのです。こうした点も考えないといけない。メディア・リテラシーの教育は、この点も強調してきた。これはいまでも大事な視点だと思うのです。テレビは、現実を、客観的な現実を、生の現実を、鏡のように映し出すメディアではない。テレビと被写体が複雑に絡まり合いながら、独自の〈テレビ的現実〉を構築している。

いま、二つお話をいたしました。さらに、もう一つお話しします。この人物もテレビで見ない日はない、重要なリーダー、安倍首相です（図3–5）。

この点はきちんと調べたほうがよいと思いますが、私の印象では、安倍さんが首相になってから、G7とかG20といった国際会議があると、彼が、現地で、単独で、会見をする場面が数多く映し出されるようになったように思います。かつては、よほど重要なことがない限りは、こんなに頻繁に登場することはなかった。ところで、その会見の内容は、どのような内容でしょうか。私からいえば、重要な内容ではありません。そうでしょう。外国の首脳と協議をして、その後すぐの会見ですから、「この会議は有意義だった」、「実りの多い会談だった」という、いわば「自画自賛」の会見になるわけです。

ジャーナリズム活動の立場からすれば、関係者に取材をして、会議の内容を検証し、各国間の対立の有無、議論された論点など、批判的な検討を行ったうえで報道するでしょう。しかし、何時何分ごろから会見が始めるとNHKが事前に政府と協議をして、時間枠をつくって、特別の時間を割いて会見を報道するケースが増えている。

ここで問題化したいのは、報道の内容ではありません。会見の内容でもない。むしろ報道側（ここではNHK）が、事前に放送の時間枠をつくって、〈生で〉放送するというスタイルを問題化したいのです。さほど重要ではないけれども、あたかも重大ニュースがあるかのように、割り込みニュースというスタ

［5］https://twitter.com/Scavino45/status/842589893553352704（最終閲覧日：二〇一九年一月八日）
［6］政府インターネットテレビ内外記者会見：二〇一七（平成二九）年五月二七日〈https://nettv.gov-online.go.jp/prg/prg15442.html（最終閲覧日：二〇一九年一月八日）〉

イルで伝えることで、われわれ視聴者は「このニュースは重大だ」と肌で感じてしまう。「重大ニュース」であるという受け止め方で会見を見てしまう。このことも、メディアを考えるうえで、極めて重要な例だと思うのです。

この問題はもちろん制度的な事柄に関わっています。官邸側とNHKの間の「もたれあい」です。官邸側は「各国首脳と渡り合い、成果を上げた安倍首相」を報道してほしい。NHK側も他局やインターネットではなく、自局で最初に報道したい。相互に利害が一致しているところで生ずる現象です。

もう一つの事例を、ここで話させてください。最近の安倍さんの発言です。彼は、いつもこういう言い方をします。たとえば、特定秘密保護法の国会審議で「今回の法案は、一般人を対象にしたものではない、と私ははっきり申し上げているわけです」と答弁する。とても面白い話法です。「国民に関係のない法律があるのか」とまず問いただしたい、ツッコミを入れたいのですが、それはさておき、安倍さんのこうした発言を、普段、私たちは聞かされている。

この発言ですが、二つの位相が存在します。それが密接に結びついている。一つの位相は、発言内容のレベルです。これは、コンスタティブで、事実確認的な、真偽を問うレベルでの発言内容です。「この法案は、一般人を対象にしたものではない」という発言内容です。これは、正しいのか、正しくないのか、議論できる。

しかし、それに加えて、「＊＊と私ははっきり申し上げているわけです」という文言が入ると、この文章全体が発語内行為となって、何か別の事柄を他者に伝えてしまうわけです。つまり、「私ははっきり申し上げているわけです」と述べると、この文章の真偽は宙に浮いて、それを問うことは難しく、話者の明示的な意思表示がきわだつ遂行文になります。「私が今、はっきり言っているんだ」から、「何が問題なのか」、「問題などない」となる。こうなると、議論が成り立たない。事実確認的な内容であれば、事実かどうか、真実かどうか、を議論できるけれども、「私はそう、はっきり申し上げている」と述べることで、安倍さん自身の意思だけが突出して、それ以外は消えてしまう。これが、安倍さんの発話に仕掛けられた巧妙なトリックだと思います。これで議論を封殺していくわけです。そして、この発言は、「彼は自信に溢れた政治家だ」、「自身の主張を曲げない強い政治家だ」といった評価や意味を視聴者に伝えていく。こうした語法がメディアを通じて日常的に流されている。脱線して、安倍さんの国会答弁の批判のようになってしまいました、すいません、お許しください。

それから、ついでにもう一つ事例を挙げると、テレビの解説でも次のような語りが一般化していることにも留意すべきだと思います。

ＮＨＫのことばかり例にあげて申し訳ないのですが、ＮＨＫで実際に話された内容を書き留めてきたので紹介します。たとえば「総理は、＊＊のような方針で、政局を運営するようです」といった解説者の語りです。普段、私たちが聞いている話法です。

具体的に指摘します。二〇一四年に集団的自衛権の問題が国会で議論されているとき、ＮＨＫの解説委員は次のように述べました。「安倍総理大臣は、日本がふたたび戦争をする国になったといった誤解があるが、そんなことは断じてありえないなどと強調しました。安倍総理大臣は［…略…］国民の不安や疑念を払拭すると同時に、日本の平和と安全を守るための法整備の必要性、重要性を伝えたかったのだと思います」[7]。

こう解説しているわけです。普段、集中して聞いていないと気づかないですけれども、この発言は、総理の代弁をしているだけですよね。「総理の意向を慮って」の解説です。

これまで、メディア・リテラシーの教育というのは、このように、映像の切り取り方、番組をつくるに際しての編集の問題、それから「テレビ的リアリティ」の問題、実際に話される発話や言説が、どういう機能をもっているか、そうしたことについて切り込み、分析して、教育を行ってきたということです。たしかに、それは現在でも、情報を読み解く能力を培ううえでたいへん重要だと思います。しかし、こうしたメディア・リテラシー教育の、いわば限界といってしまうと言いすぎですけれども、今後再考すべき点がある。

それは、これまで述べたように、映像や発話の内容を検討するメディア・リテラシー教育が、テレビというメディア、言い換えれば、複製技術の段階のメディアを対象にした教育プログラムであったという点です。テレビが中心です。テレビの映像、テレビが伝える言葉をどう読み取るかということが中心の教育プログラムだった。しかし、明らかに現在は、その段階を脱して、別のステージにきています。フランスの哲学者のフェリックス・ガタリという人の指摘ですが、彼は「ポストメディア時代」ということを述べた（ガタリ二〇〇八）。「ポストメディア時代」というのは何か。それは簡潔にいえば、「ポストテレビ時代」ということです。既存のマスメディアの時代から、もう別の段階に移行した、と。その認識を、私たちはいま、しっかりもたないといけない。

4　メディア教育を切り拓くための二つの視点

私たちはいま、新しいメディア環境のなかにいます。それを考えるために、私たちがメディアをどのように使っているかということからみてみましょう。

次頁の図3-6は総務省が行った「社会課題解決のための新たなICTサービス・技術への人々の意識に関する調査研究」のデータです。

グラフの「A」の部分が「テレビを見る」という項目で、過半数、五〇％を超えています。それから、「B」の部分が「新聞を読む」という項目で、これが一〇・八％です。「C」の部分が二四・六％ですが、これは「インターネットのニュースサービス（Google ニュースや Yahoo ニュース等）をWebブラウザで見る」という人の割合で、二四・六％になります。つまり、割合として四分の一の人たちが、ニュースにアクセスする際のメディアとして「インターネットのニュースサービス」を利用しているということです。これはかなり高い数値だと思います。テレビはまだ過半数の人たちに利用されていますが、新聞は一〇・八％で、インターネットは二五％まで増えている。

これを年齢別でみましょう。図3-7（一一三頁）を見てください。

私自身、劇的な変化に「すごいな」と感じています。まず、一番左の、「テレビ」はほかと比べて、ダントツに高いわけです。まだまだテレビが中心だといえる。次に、左から二番目、「新聞」です。一

［7］二〇一四年五月一六日「NHK　朝7時のニュース」（『NHKニュースおはよう日本』）より

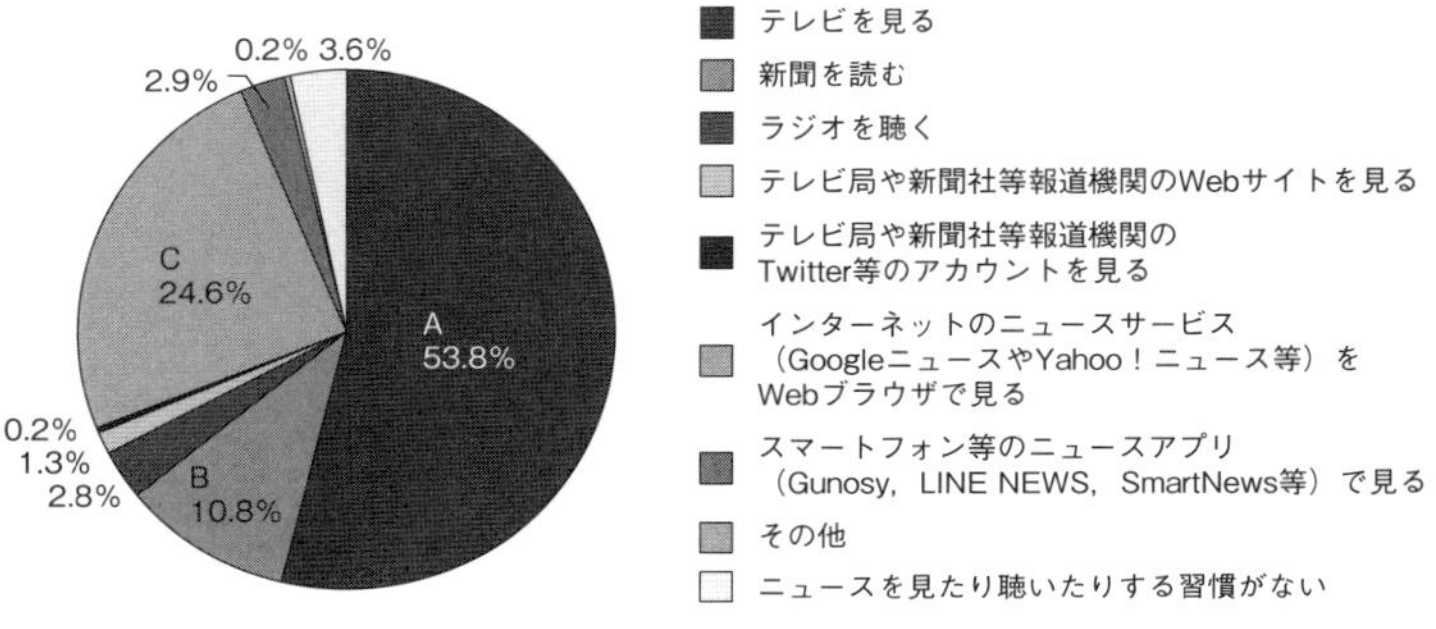

図 3-6　ニュースを見たり聴いたりする手段（総務省 2015）

般に、中高年齢層の方は、まだまだ新聞を読んでいると思われているわけですが、実際はこのデータで見ると、高齢者も、新聞を読むというのは、なんと二二％ぐらいです。二二％ですよ。それから一〇代に至っては、四％ぐらいです。二〇代も、八％ぐらいです。右の二番目のグラフは、「インターネットのニュースサービス（Ｗｅｂブラウザ）」で、二〇代、三〇代のところは、二〇％になっている。これだけ、私たちがニュースを受容する際の環境が変化してきているということです。新聞に関しては、驚くべき数字です。みなさんは、この数字をどう思われますか。

テレビはまだまだ高い割合を示していますが、今後、これもどう変化していくか。たぶんテレビの占める比重も低下していくことが十分予測できるでしょう。今年の三月に、アメリカの研究者と話をしました。アメリカの場合だと、「インターネットで」というのが八割だそうです。テレビよりも高い割合を占めているという話でした。こうしたメディア環境の変化のなかで、昨年の大統領選が行われた。

いま、メディア利用に関するデータを紹介しましたが、情

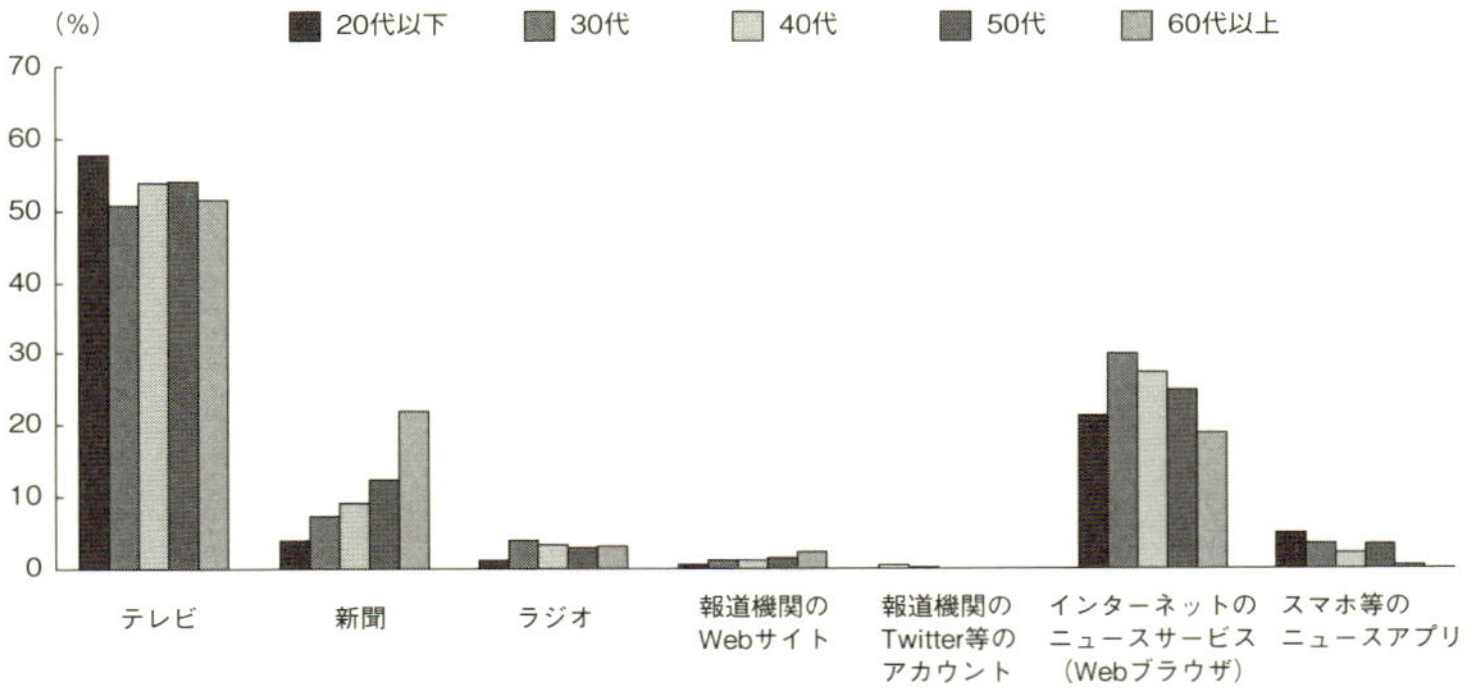

図 3-7　ニュースを見たり聴いたりする手段（年代別）（総務省 2015）

報あるいはニュースに私たちがアクセスしていく際の様態そのものが、大きく変化している。インターネット上の、さまざまなプラットフォームから、情報やニュースを収集する方向に転換している。日本も、アメリカのようになるのは時間の問題でしょう。

ブログ、Facebook、Twitter、LINE、Google、こういった新しいネット上の巨大なプラットフォームやソーシャル・メディアの台頭と日常世界への浸透は急速に進み、一般化しているので、深い考察など必要ない、と思えるほどです。もう日常生活の一部になっているわけです。

しかし、この一〇年、あるいは二〇年という短期間にわれわれの生活世界に浸透したこれらの技術は、実は、知識や知のあり方、知の生成、知識の布置関係を大きく変容させる、歴史的な出来事であると考えなければなりません。

大学で、知識を吸収し、新たな知を生み出すパワーを身につけていくためには、デジタルメディア環境が生み出す変化のメリットとともに、デメリットや考慮すべき事柄を学んでいく必要があるということです。まさに、文字の発明、粘土板からパピルスそして紙といった媒体に文字を書くこと、そして印刷技術の到来、さらに映画・ラジオ・テレビと続くメディア技術の進展にともなって生じた知識のあり方の歴史的な変容に匹敵するほどの変化のなかで、知の生成のあり方、知のあり方が、いま、どう変化しているのか。それを学んでおく必要がある。

このことは、すでに前半で申し上げた、従来のメディア・リテラシー以上の情報とメディアに関するリテラシーを身につけなくてはいけないという課題につながるはずです。

この課題に入る前に、二点だけ、せっかくの機会ですので、お話ししておきたいと思っていることがあります。それは、こんな話までしなくていいでしょうと、みなさんから思われるかもしれませんが、一八世紀から一九世紀にかけての、テクノロジーの進展と知のあり方の変化についてです。そんな昔の話か、と思われるでしょうが、この機会にお話しさせてください。

イギリスの一八世紀は、新聞、パンフレット、哲学書、文芸書が発行・発刊されて、急速に印刷文化・出版文化が拡大していった時期です。これは、日本の研究書（村上 一九九五：八二）からのデータですけれども、イギリスの場合、一七八〇年代、リテラシーをもっている人の数は、大体一五〇万人だったといわれています。これが五〇年後の一八三〇年代に入ると、約七〇〇万から八〇〇万の人たちが、読み書き能力ができるリテラシーを身につけていったといわれています。労働者階級の人たちの間でも識字率が非常に高まり、当時の識字率は約七〇％程度と推定されている。そうした時期です。タブロイド・プレスといわれた、労働者向けの新聞も発刊されて、それを読む読者層がいたわけで、ミドルクラスよりもう少し下の層までも、リテラシーを身につけていたということです。

このように、リテラシーが向上していくこと、それは人類の大きな進歩だと考えてもよいでしょう。もちろん、たいへん重要なことですね。ただし、全面的に「大きな進歩である」と評価するだけでなく、そこに、一つの疑問を投げかけてもよいと思うのです。

その一つが、フランスの哲学者であり歴史学者であったミシェル・フーコーの指摘でした。彼は、よく知られるように、一望監視施設、つまりパノプティコンを、歴史的な重要な事例として設定し、この装置が権力のあり方の変化を象徴的に指し示すものとして考察しました。身体刑から、一望監視施設によって「見られている」という視線を内面化することで、自分を規律化していく、自己を規律、訓練する主体へ編成した、ということを論証した。この点をご存知の方も多いと思います。「規律的権力」と一般にいわれることがらです。

しかし、読み書き能力を身につけること自身、実は、権力が作動するにあたって不可欠の要素になっている、ということをフーコー（一九七四）が指摘したのは、十分に知られていないように思います。簡潔な指摘にとどまってしまうことを許していただきたいのですが、要するに、書かれた法や規範を読み、理解すること、それが近代の個人の要件であり、法を犯すことは、リテラシーを身につけている限りで、彼・彼女を犯罪者として処罰できる、といった具合に変わっていくわけです。文字を読む能力がなければ、そもそも法を知ることができない。つまり、「文字が読めない、知らない」ということは、主体にはなれない、主体ではない、ということです。文字が書ける、さまざまな文章を読み書きでき、証明書や申告書に自分でサインができるということ、これが、社会の構成員にとっての最低限の資格であり、最低限の能力であるということになる。

そして、住民によって書かれた膨大な文章、サイン、署名は、管理・保管されて、統治システムにとっての不可欠なデータベースになる。それを通して、統計処理が行われて、管理と制御が行われる。つまり、人びとがリテラシーを身につけるということは、私たちの人間性の向上であると単純に考えてはならないのではないか。それは、権力の問題と深く結びついている。そのことをフーコー(一九七四)は指摘したのです。

補足すれば、有名な文化人類学者のレヴィ=ストロース(二〇〇一)が『悲しき熱帯』で論述した、未開社会のなかで文字が果たした役割、権力との密接な関係を、フーコーは当然知っていました。そのうえでいま申し上げたことを述べているわけです。これが一つの視点です。私たちがリテラシーを考える場合に、統治や権力との関係で考えなければならないということです。

次に、イギリスのカルチュラル・スタディーズによって提起されたもう一つの視点(Bocock & Thompson 1992)です。これも、簡単に指摘しておくにとどめたいと思います。

一九世紀、教育制度が完備され、学生に対して文学書の精緻な読解を訓練する場として、大学のカリキュラムが整備されていきます。そのなかで、英文学が成立する。その際に、文学をこのように読む、といった精緻な読解の訓練を行っていくわけです。「文学のより高度な読解」ということです。しかし、カルチュラル・スタディーズの研究者たちは、こうした大学教育がもう一つ別の側面をもっていたことに注意を促しています。

一八世紀、読み書き能力をもった市民が、文学書を「素朴な形」ではあれ、自分の生き方と照らし合わせて読んでいく、そして批評することが広まっていく。これが、一八世紀の「文芸的公共性」です。ロンドンのコーヒーハウスを中心に批評と討議の空間が生まれた、とハーバーマスが述べた事態です（ハーバーマス 一九七三）。「文芸的公共性」とは、読み書きができれば――そして男性であれば、という限定がつくのですが――誰でも自由に批評できるという関係性の原理です。これが都市空間の至るところで生まれた。

ところが、この「文芸的公共性」が、一方では精緻に文学書を読み解くことを主眼にした大学という制度へ、さらに他方では一九世紀中頃から出回り始めたイエローペーパー、あるいはゴシップ記事といった消費財の普及という事態へ、両極分化していく。それにあわせて、読者層も、精緻に文章を読み批評する専門的な能力と知識をもつ層と、消費材のごとく文字を消費する読者層へと、分化していくことになります。

すなわち、大学における知識の制度化と資本による出版市場の拡大という二重の圧力のもとで、「公共性」という関係の原理が壊れてしまい、縮小してしまった。このことをカルチュラル・スタディーズの研究者たちが指摘したのです（Bennett et al. 1986）。この指摘もこれからのメディア・情報に関する教育を考えるうえで大事だ、と私は思っているわけです。

カルチュラル・スタディーズは、一九七〇年代後半から、ポピュラー文化である映画やテレビ番組を研究の対象として設定して、文化と政治の関わりを精力的に解き明かしていくことに努めたわけですが、それは、研究を大学の専有物としてその枠のなかに閉じ込めるのでは決してなく、広く、市民教育へと開いていく、その実践であったということ、そしてその実践は「文芸的公共性」が歴史的な経緯のなかで「壊れ」て「縮小」していったことを踏まえたものであったということ、このことを私たちはきちんと認識しておくべきです。

以上、二点ですけれども、私たちが今日のリテラシー教育を考える場合に、何が必要なのか、情報リテラシー教育、新たなメディア教育が必要だというだけで単純に終わらせてはならない重要な課題、看過してはならない事柄を述べました。

実はここからが本番ということになるのですが、これまでの話があまりにも長すぎましたので、少し短めにいきたいと思います。

5 ポストメディア時代のメディア・情報教育

現在のGoogleやTwitter、あるいはWikipedia（以下、Ｗｉｋｉ）の時代に、メディアと情報教育はどうあるべきか、簡潔に指摘しておきたいと思います。現在の情報環境は、デジタル化が生活の隅々まで浸透して、モバイル端末を身につけて、「いつでも」、「どこでも」情報にアクセスできる、情報を発信できるようになりました。

最近では一日のなかでGoogleで検索しない日はないと思います。みなさんも、一日何度もGoogleで検索しておられるのではないでしょうか。そしてＷｉｋｉで簡単に用語、概念を確認するということも、日常的に行っている。

言い換えれば、実は、少し大げさな言い方かもしれませんけれども、GoogleとＷｉｋｉに依存して、私たちは知識を入手し、知識を再生産しているといってもよい、そんな環境のなかで生活している。ラリー・ペイジとセルゲイ・ブリンを中心にGoogleが立ち上げられたのは一九九八年、そして二〇〇四年九月にパブリックカンパニーとなる。ですから、一〇年ちょっとしか経っていない。それがこの短い期間で急成長し、ユーザーの数も二〇〇九年にはすでに一億九七〇〇万人（Fuchs 2017）から二〇一七年には二〇億人となっています。[8]

Googleは民間企業です。Googleの検索エンジンを駆動しているアルゴリズムがどういうものか、私たちはその詳細を、まったく知りえません。それは、企業として最重要の秘密事項だからです。一般に、リンク数の多いページが「好感度」と「信頼度」が高いと判断して、そのリンク数の多いページから順番に検索結果が表示されている、といわれています。けれども、もちろん、それに何らかの「重みづけ」が行われ、検索結果が表示されているわけですが、それがどんなメカニズムで、どんなアルゴリズムで処理されているかは誰にもわからない。

以前、新聞に、ある商品に関する検索結果で、Googleの関連企業の会社の商品の表示が上位に出てくる、これは不当表示ではないか、ということでEUがGoogleに対して提訴を行った、という記事が掲載されました。[9]

Googleを検索するときに、私たちはどのような順位で表示されるか、少しは意識します。けれども、

［8］https://jp.techcrunch.com/2017/05/18/20170517google-has-2-billion-users-on-android-500m-on-google-photos/（最終閲覧日：二〇一八年九月六日）
［9］『朝日新聞』（二〇一五年四月一七日付朝刊）

実際に、どんなアルゴリズムで検索エンジンが設計されているのかを知らないまま、つまり「ブラックボックス」を抱えたまま、私たちは検索を行っている。この検索という行為をベースに、Googleは膨大な額の収益を上げている。

私も少し調べてみました。いま、Googleの収益はどれくらいか。二〇一七年度の売上高は前年度比で二二%増の一一〇八億ドルで、純利益は一二六億ドルです。[10]

では、Googleがなぜこのように急速に収益を上げてきたのか。一つはもちろん広告収入です。多くの人がGoogleを使えば、広告収入はますます増加します。しかしそれだけではありません。ユーザーがどんな項目を検索したか、その膨大な情報をビッグデータとして処理して、ほかの企業のマーケティングや商品開発などに役立つ形で、高次の情報を生産する。そしてそのデータによって多額の広告収入を導き入れる。

私たちがクリックする行為が、ビックデータとなって、最終的にマーケティングにとって価値ある商品へと転化する、ということです。ジョディ・ディーンというアメリカの政治学・社会学者は、こうした現状を、コミュニケーション資本主義という概念でとらえていますが（Dean 2009)、まさに私たちの検索という行為が資本を稼働させている。

Googleが公表しているプライバシーポリシーがあります。しかし誰もそんな文書は見ませんよね。Googleを信頼してか、そんなことに気をとめないからなのか、いちいちプライバシーポリシーを見ることはないですよね。

その文書をよく見ると、プライバシーポリシーのなかに、「シェア」とか「シェアリング」という言葉が何度も出てきます。「共有」すること、知を「共有」すること、これが大事であり、Googleはその理念に沿って活動している、みなさんのプライバシーを保護することに意を尽くしている、ということを謳っています。しかし一方で、このプライバシーポリシーのなかに、「セーリング」とか「コモディティ」という言葉はほとんど出てきません。つまり、一人ひとりの情報発信がビックデータとして、広告収入を得るための「商品」となり、「販売取引」の源泉となる、といったことはいっさい書かれていません。[11]

私は、企業だからよくない、と言っているわけではもちろんありません。検索エンジンの開発、特定のアルゴリズムの開発に膨大な費用がかかるわけですし、世界中の人たちに便利な検索システムを提供しているわけで、高い収益を上げていることを皮肉るつもりはありません。ただ、私たちが知識を獲得する手段や方法が、Googleが登場することで大きく変容したこと、だからこそGoogleがどんな特性をもっているかといったことをきちんと知る必要がある、ということです。

では、もう少し別の側面からお話ししたいと思います。すでに、私たちがインターネットを通してニュースを受容するということが一般化しています。Google news、Yahoo news、あるいはLINE

[10] https://diamond.jp/articles/-160764（最終閲覧日：二〇一八年九月六日）
[11] Googleは「プライバシー原則」の第一条で「提供された情報は有益なサービスをユーザーに提供する目的にのみ使用する」と規定し、「ユーザーがGoogleに情報を共有（share）することにより、Googleはユーザーにとって有益なサービスを構築することにより、Googleはユーザーにとって有益なサービスを構築することができます」と記している。〈https://policies.google.com/technologies?hl=ja&gl=ZZ（最終閲覧日：二〇一八年九月六日）〉

news、さらに「まとめ」サイト、キュレーションサイトといった、さまざまなサイトから私たちは情報を入手する。そういう段階にきている。

これだけ多くなれば、もちろん、ユーザーに選択してもらい、活用してもらうためには、さまざまな工夫をしなくてはなりません。ユーザーの注意を引きつけ、ユーザーにクリックしてもらうための技術が必要です。

それゆえに、社会学者・経済学者のなかには、こういう事態を、「クリック経済」とか「アテンション経済」といった概念で表現する場合もあります。つまり、どれだけクリックさせるか、注目させていくかということが、経済活動の試金石になっているということです。要するに、アクセス件数を最大限にしておくために、見出しのタイトルをどうつけるか、これが重要なポイントになる。若い人たちの間では、ネット空間のなかの「釣り見出し」という言葉が一般化していますが、魚を釣るように、一瞬注意を引きつけ、瞬時にクリックさせる、それが経済活動にとって一つの試金石になっている。

さきほど、Googleの話で、Googleの関連企業の商品が検索結果の上位にランキングされるようにしているのではないか、という疑惑があるという話をしましたが、企業にとって自社の商品が検索結果の上位にランキングされるか、下位にあるか、これは死活問題です。企業の業績に直接関わってくる。ですから、実際、上位にランキングされるように「リンクスパム」という事態が起こるし、専門の業者にSEO（Search Engine Optimization）[12]を依頼することも行われている。

瞬時にクリックさせるための技術、工夫がさまざまな形で張り巡らされている。私のゼミの学生のなかに、キュレーションサイトで働いたことがある学生がいます。彼女が私に話してくれたのは、スマートフォンの小さな画面に並んだニュースの項目で、注意や関心を即座に引くために、どんな言葉を用いるか、どんな見出しをつけるか、それが最重要の仕事になっている、と話してくれました。ジャンル分けされたニュースで、どのジャンルのニュースのアクセス数が多いか、見出し用語のなかでどの用語に対するアクセス数が多いか、それらの膨大なデータが統計処理されて、次の見出しの選択に利用される。こうした実践がいろいろな形で行われている。

みなさんも、「釣られた」ことがありませんか。「誰それの結婚」とかいった記事があると、ちょっとクリックしたくなるわけです。クリックすると、実際の結婚した事実があるわけではなく、たんなる憶測で「結婚か？」といった情報だったりする。まあ、こういうことが行われている。

まとめておけば、こういうことですね。パソコンやスマートフォンを使った通信や検索といった情報の発信やアクセスの履歴が、ビッグデータとして統計処理され、アクセス件数の多い事項やジャンルが割り出され、その結果を次に応用するためにフィードバックされる。自己言及的に、アクセス件数を高めるという再帰的なプロセスが設定されているということです。こういうメカニズムで、効率性なり利益率なりを高める精度を向上させていく。そうしたメカニズムのなかに、ニュースの生産も組み込まれている。

こうしたことを、あらためて考えてほしいわけです。従来の新聞やテレビも、たしかに企業ですから、

［12］Search Engine Optimization（SEO）とは、検索エンジンによってアクセス数が増えるように、検索した際に検索結果が上位に表示されるようにすること。

「どれが記事として売れるか」という基準を、それなりに考慮していたとしても、従来の新聞社やテレビ局は、第一に考えるべきは「ニュースバリュー」だったはずです。商品としての情報ではなくて、何を伝えるべきか、多くの人に知らせるべき価値のある情報、社会的に重要な情報をトップに掲載する。それを実行してきたはずです。見出しをつける際も、注意を引くようにといった基準ではなく、事態を正確にとらえた言葉かどうかを基準にしていたはずです。

ところが、いま申し上げたように、見出しも含めて、従来のマスメディアのような基準でインターネット上のさまざまなニュースが構成されているわけでは、まったくないのです。しかも、ユーザーのアクセス、あるいは「いいね」のクリック、これらの行為はすぐにデータとして蓄積され、解析され、リコメンド機能を通して、「あなたに最適な情報はこういう情報です」といった情報がフィードバックされる。それが、私たちの生活の日常になっている。

こうなると、よく指摘されることですけれども、「集団分極化」が生まれることになります。キャス・サンスティーン（二〇〇三）が主張してから、多くの研究者が研究を行い、「集団分極化」が生まれることが検証されています。ここで研究を一つだけ紹介してみましょう。「ソーシャルメディアと分断化する社会的リアリティ」という、国立情報学研究所の小林哲郎さんが書いた論考（小林二〇一二）です。これは、統計的に実証した研究です。つまり、自分の好きなジャンルの情報はアクセスするけれども、そうではない情報は、視野の外におく。具体的に言えば、「原発はまだ必要だ」と考える人はその主張に合致したサイトにアクセスしやすい。逆に「いや、原発は駄目でしょう」と考えている人たちは、同様の主張を行っているサイトに引き寄せられていく。「分極化」していくということです。こういう状況が生まれている。

いま申し上げたように、情報の質、情報の産出の方法、そして情報にアクセスする仕方、これらが様変わりしてきているということです。

6 小括

ここで、いくつかの諸点を、再度強調させていただきたいと思います。

第一は、日常的なインターネットの活用が、政治経済学的にいえば、現在の資本主義経済を駆動する最も重要なメカニズムになっているということです。ある経済学者の言葉を使えば、巨大なプラットホームを所有している者は、いわば地主です。その土地で耕作しているのは、われわれネットユーザーだということです。私たちは、プラットフォームに自由にアクセスして、情報を得たり、情報を発信したり、コメントをつけたりする。それがサーキュレーションしていけば、ビッグデータとして商品となる。さきほど言及した「コミュニケーション資本主義」の姿です。

第二は、データが解析され、未来の行動を予測するものとしてフィードバックされ活用されるという構造は、私たちの個々人の行動が制御される、社会が制御される、コントロールされる、ということでもあります。社会は、その方向に移行してきている。

先ほど、遠回りとも思える話をしました。ミシェル・フーコー（一九七四）のリテラシーと権力との関係という話です。いま申し上げたように、私たちが情報リテラシーを身につけ、自由にコンピュータを使いこなしていくということも、フーコーが、読み書き能力の習得が権力のあり方と密接に関わっていると述べた事柄と、重ね合わせてみることができるのではないでしょうか。サインではなく、情報にアクセスする、そのアクセスした痕跡としてのデータが束となって、個人がデータ化され、常時「監視」、「制御」の対象となる。社会の制御、社会の統治の問題と深く結びついているということです。

とはいえ、先ほども述べたように、文字を読む能力を高め、リテラシーを身につけること、情報リテラシーを身につけること、これを捨てるべきだなどと主張しているわけではありません。フーコーも、あるいはレヴィ=ストロースも、そんなことを主張したわけではありません。

しかしながら、リテラシーを身につけることで生まれるさまざまな課題に目を閉ざすことになってはなりません。テクノロジーを捨て去ることなどできないけれども、私たちは、そういう環境のなかに生きているということ、だからこそ、テクノロジー、メディアがどんな特性をもっているか、そのことを自覚しながら使っていく必要がある。

このことは、先ほど指摘したように、文学書の専門的な読解と、文字を消費財のごとく消費するという二極分化を乗り越えて、印刷文化を一般市民による「市民社会」形成の力としてネットワークしていくような教育実践を目指したカルチュラル・スタディーズと同様に、一方では情報技術の専門的開発と、他方ではデジタルメディアの特性に無自覚なまま活用するという分極化を乗り越えていくという課題にほかなりません。

さらに第三は、資本主義という枠のなかでメディアが活用されている現実をしっかり見つめ、ビジネスモデルがもつデメリットが顕在化し、ユーザーとしての、市民としての、利害が損なわれるような悪い方向に向かうときには、そのことを察知して、あるべき方向に引き戻すようにわれわれが声をあげることも必要だということです。

こうした諸点を、大学の初年次に、すべての学生に教養教育として講義すべきだと私は考えています。この二〇年ぐらいの間に、私たちのメディア環境は大きく変化しました。とりわけ、この一〇年ぐらいの間にソーシャルメディアが登場したことは、それ以前の変化を上回るほどの劇的な変化をもたらしたと思います。「ポストメディア時代」、「ポストメディア社会」と呼んでよいような歴史的な変化を経験しつつあるわけです。

この変化は、表面的にはメディア利用の変化として顕在化していますが、より根本的な問題として、知識をどのように入手し、知識をどのように再生産していくのかという、人間の知の営みの基本に関わる問題を提起しているように思います。ですから、最初に、私が大学教育で、哲学や経済学と同じように、メディア学を教養教育の柱とする必要があると述べたのは、以上のような認識をもっているからです。どの分野の学生であっても、今日の知識のあり方、知識の布置、知識の再生産、という一連の過程がデジタルメディアと無関係には行われえない時代に入ったことをきちんと理解したうえで、大学の専門教育を受けてほしい。そのことを強く主張したいですね。

それを担うのは、冒頭で申し上げたように、人文社会情報学という領域だろうと思っております。

——参考文献

伊藤　守［編］（二〇一五）『よくわかるメディア・スタディーズ　第二版』ミネルヴァ書房

ガタリ・F／杉村昌昭［訳］（二〇〇八）『三つのエコロジー』平凡社

小林哲郎（二〇一二）「ソーシャルメディアと分断化する社会的リアリティ」『人工知能学会誌』二七（一）、五一‐五八

サンスティーン・C／石川幸憲［訳］（二〇〇三）『インターネットは民主主義の敵か』毎日新聞社

総務省（二〇一五）「社会課題解決のための新たなＩＣＴサービス・技術への人々の意識に関する調査研究（報告書）」〈http://www.soumu.go.jp/johotsusintokei/linkdata/h27_06_houkoku.pdf（最終閲覧日：二〇一八年一二月一三日）〉

西垣　通・伊藤　守［編］（二〇一五）『よくわかる社会情報学』ミネルヴァ書房

日本学術会議情報学委員会情報科学技術教育分科会（二〇一六）「大学教育の分野別質保証のための教育課程編成上の参照基準 情報学分野」『学術の動向』二一（四）、四‐八六

ハーバーマス・J／細谷貞雄［訳］（一九七三）『公共性の構造転換』未來社

フーコー・M／渡辺一民・佐々木明［訳］（一九七四）『言葉と物——人文科学の考古学』新潮社

村上直之（一九九五）『近代ジャーナリズムの誕生——イギリス犯罪報道の社会史から』岩波書店

レヴィ=ストロース・C／大橋保夫［訳］（一九七六）『野生の思考』みすず書房

レヴィ=ストロース・C／川田順三［訳］（二〇〇一）『悲しき熱帯 一・二』中央公論新社

Bennett, T., Mercer C., & Woollacott, J.（eds.）（1986）. *Popular culture and social relations*. Milton Keynes, England; Philadelphia: Open University Press.

Bocock, R., & Thompson, K.（eds.）（1992）. *Social and cultural forms of modernity*. Cambridge: Polity Press˙

Dean, J.（2009）. *Democracy and other neoliberal fantasies: Communicative capitalism and left politics*. Durham: Duke Univeersity Press.

Fuchs, C.（2017）. *Social media: A critical introduction*（2nd ed.）. Los Angeles: Sage.

Murthy, D. (2013). *Twitter: Social communication in the Twitter age*. Cambridge: Polity.

4章

科学リテラシーはどこまで必要か

標葉靖子

標葉靖子《しねはせいこ》

1981年生まれ。大阪府にて育つ。京都大学大学院生命科学研究科博士後期課程修了。博士（生命科学）。現在、東京工業大学環境・社会理工学院イノベーション科学系助教。専攻は植物分子生物学、科学コミュニケーション。

植物分子生物学で博士（生命科学）を取得後、化学系民間企業で新事業開発・研究企画管理業務に従事した。特にバイオマテリアルやバイオリファイナリー、ナノエレクトロニクス分野の研究技術評価や動向分析、技術広報に携わる。その後、URA（University Research Administrator）を経て、現在は科学技術政策や科学技術系人材育成、科学コミュニケーションに関わる教育・研究に携わる。その一環として、東京大学教養学部附属教養教育高度化機構在職中には、科学技術と社会の問題、あるいは科学的なものの見方や統計リテラシーについて学ぶためのコミュニケーション型推理ゲーム教材「nocobon」を開発し、「科学と社会をつなぐゲームデザイン」などの科目を担当した。

著書に、『東大キャリア教室で1年生に伝えている大切なこと――変化を生きる13の流儀』（共編著、東京大学出版会、2019）。

論文に、「「科学技術と社会」への多角的視点を涵養するためのシリアスゲームデザイン授業の開発・実践」（共著、『科学技術コミュニケーション』24号、2019年）、「オバマ政権以降における米国STEM教育関連予算の変化」（『科学技術コミュニケーション』23号、2018年）、「文系大学生を対象としたデータリテラシー教育に関する一考察」（『成城大学共通教育論集』10号、2018年）、「米国における科学、技術、工学、数学（STEM）分野大学院生への科学コミュニケーショントレーニングの取り組み――AAAS2014年次大会報告事例からの日本への示唆」（『科学技術コミュニケーション』16号、2014年）、「科学コミュニケーション入門としての大学公開講座の可能性――「高校生のための金曜特別講座」参加者のセグメンテーション分析」（『科学技術コミュニケーション』19号、2016年）、Persistence of the deficit model in Japan's science communication: Analysis of white papers on science and technology（*East Asian Science, Technology and Society: An International Journal*, 11: 1-25, 2017年）ほか。

1　はじめに

❖なぜ科学リテラシーについて考えるのか

科学・技術が高度に発達している現代に生きるわれわれの生活において、科学・技術に関与する状況や場面はより多様に、より複雑になってきています。このような現代を、小林傳司は「トランス・サイエンスの時代」と表現しました（小林 二〇〇七）。トランス・サイエンスという言葉は、一九七〇年代にアメリカの核物理学者であるアルヴィン・M・ワインバーグが、「科学に対して問うことはできるが、科学では答えることができない問題」があることを示し、それを「トランス・サイエンス的問題（trans-scientific questions）」（Weinberg 1972）と呼んだことに始まります。[1] たとえば環境・エネルギーや再生医療、人工知能などの社会的課題だけでなく、食品や健康、防災などの日常生活に関わることにおいて、私たちはトランス・サイエンス的問題に囲まれているといえるでしょう。

そうした科学に問うことはできるが科学だけでは答えられない、もしくは答えるべきではないと考えられる問題に対して、私たちにはどのような関わり方があるのでしょうか。関連分野の科学者・技術者が専門家として関わるという立場があると同時に、そうではない立場も当然あります。たとえば、科学・技術の行政官や政治家のような、社会的選択においてかなり重要な役割を担う専門職としての立場です。しかしながら、本章で注目するのは、近年一般にも注目されるようになってきている、ごく普通の一般市民と科学・技術との関わり方です。とりわけ日本では、東日本大震災によって科学・技術に

「信任の危機（crisis of confidence）」（＝専門家には任せておけない）が訪れたといわれています。「科学は、たとえ真実をもたらすことができるとしても、政治で必要とされるスピードでそれをもたらすことはできない」（Collins & Evans 2007 : 1）とき、[2]われわれ一般市民は科学・技術が関わる問題にどのように向き合えばよいのでしょうか。

市民と科学・技術との関わり方について、まず一つに、それぞれが日常生活のなかでどう考え、どう判断していくのかという一個人としての関わり方があります。ある種のリスク判断、リスクトレードオフを個人としてどうとらえるかとも表現できるでしょう。もう一つが、トランス・サイエンス的問題をめぐる社会的選択によき市民としてどう向き合っていくのかという、社会の一員としての関わり方があります。こうした市民と科学・技術との関わり方について考えるとき、いずれにせよ話題になるのがそうした関わり方を可能とするために必要な「市民の科学リテラシー」についてです。では「トランス・サイエンスの時代」において、科学・技術の専門家ではない一般市民が身につけるべき科学リテラシーとはどういったものなのでしょうか。

❖そもそも「科学リテラシー」とは

そもそも「科学リテラシー」とはいったい何なのでしょうか。「科学リテラシー」という言葉の定義についてはこれまで多くの検討がなされてきました。[3]現在そのなかでも最もよく知られている定義の一つが、経済協力開発機構（Organisation for Economic Co-operation and Development : ＯＥＣＤ）が三年ごとに実施している国際的な生徒の学習到達度調査（Programme for International Student Assessment：ＰＩＳＡ）[4]における次の定義です。

科学的リテラシーとは、思慮深い市民として、科学的な考えを持ち、科学に関連する諸問題に関与する能力である。科学的リテラシーを身に付けた人は、科学やテクノロジーに関する筋の通った議論に自ら進んで携わり、それには以下の能力（コンピテンシー）を必要とする。

［1］小林とワインバーグでは「トランス・サイエンス的問題」への考え方が異なることが指摘されている（原二〇一五）。小林は科学的合理性だけでなく社会合理性も考慮するべきであり、そのためには科学技術的意思決定に市民が参加することが重要であると考えているのに対し、ワインバーグはできる限り科学的合理性の観点からトランス・サイエンス的問題を解決しようとしている。トランス・サイエンス的問題への考え方について、本章では小林の立場に近い。

［2］コリンズは、科学的知識の社会学において「バース学派」と呼ばれ、もう一つの「エディンバラ学派」と並んで科学的知識の社会学の展開において中心的な役割を果たしているイギリスの科学社会学者である。彼が専門知論について一般の人びと向けに書いたものに *Are we all scientific experts now?*（Collins 2014）があり、二〇一七年に鈴木俊洋による翻訳が法政大学出版局より出版されている。この日本語版の訳者あとがきには、専門知論についての近年の議論が非常によく整理されている。科学技術が関わるような社会的な問題の意思決定は民主的プロセスに委ねるべきか、最善の専門的アドバイスに従うべきか。そうした議論に関心のある人には、鈴木による訳者あとがきをぜひおすすめしたい。

［3］科学的リテラシー、科学技術リテラシーともいわれ、その言葉の定義については多くの検討がなされている。（科学技術振興機構科学コミュニケーションセンター二〇一五、川本ほか二〇〇八、長崎二〇〇七、長崎ほか二〇〇八、西條・川本二〇〇八、齊藤・長崎二〇〇八、田中二〇〇六）

［4］一五歳を対象に、読解力・数学的リテラシー・科学的リテラシーの三分野について、三年ごとに実施されている。ＰＩＳＡについて詳しく書かれた日本語サイトとしては、国立教育政策研究所のウェブサイト〈http://www.nier.go.jp/kokusai/pisa/index.html（最終閲覧日：二〇一八年六月四日）〉がある。

・現象を科学的に説明する：自然やテクノロジーの領域にわたり、現象についての説明を認識し、提案し、評価する。
・科学的探究を評価して計画する：科学的な調査を説明し、評価し、科学的に問いに取り組む方法を提案する。
・データと証拠を科学的に解釈する：様々な表現の中で、データ、主張、論（アーギュメント）を分析し、評価し、適切な科学的結論を導き出す。（OECD 二〇一六：三二）

この定義において注目すべき点は、科学的リテラシーをたんなる科学上の研究成果に関する知識としてだけでなく、一般の人びとが科学的方法論を理解したうえで科学的知識を使って効果的に生活し、さらには科学が関連する政策決定に参加することを可能にする能力として定義している点です。この能力はまさに「トランス・サイエンスの時代において求められる能力」（松下 二〇一四：一五八）であり、科学的リテラシーが「民主主義社会に生きる自律した市民の基礎的能力の一つ」（原 二〇一六：一九七）に位置づけられていることを示しているといえます。

このOECDによる科学的リテラシーの定義について、総論としては特に大きな異論は出てこないのではないでしょうか。ところが〈科学的〉とは何か、その具体的な中身についての議論になるとどうでしょうか。おそらく事態は一変するでしょう。「科学とは何か」、「科学的とはどういうことか」という問いは科学哲学の範疇であり、突き詰めて考えると大変なことになってしまうため、ここでは深入りしません。ただ、何をもって〈科学的〉だと考えるのかは、科学哲学的な問いとしてとらえるまでもなく、

「科学者」と呼ばれる人びとのなかでも意見の一致を完全にみることは非常に難しいのだということは知っておいていただきたいと思います。

大学などで行われるいわゆるアカデミックな科学研究の成果の多くは、ピアレビューと呼ばれる、同じ分野の研究者による査読のプロセスを経て、原著論文としてそれぞれの分野の学術雑誌（ジャーナル）に掲載されます。普段〈理系〉といって一括りにされてしまいがちな科学研究領域ですが、医学・理学・工学・農学といった分類よりももっと細分化されたさまざまな専門分野（discipline）があります。このそれぞれの分野においてどのようなジャーナルが読まれ・参照されているのかという観点からみると、実は互いにかなりつながりが弱いということが科学計量学などの発展によって可視化されてきています。[5]

このことについて、藤垣裕子が「ジャーナル共同体」（藤垣 一九九六、二〇〇三）という概念から、とても興味深い指摘をしています。繰り返しになりますが、科学研究の成果のほとんどは「論文」として公表されることで、当該分野における著者オリジナルな科学知識の産出として承認されていきます。このとき、分野・研究によってどのようなジャーナルに論文が掲載されるかが異なっているということ、またそれぞれに固有の承認基準があることに注目した藤垣は、それを「ジャーナル共同体」と表現し、それぞれの共同体で科学的成果の妥当性要求基準が異なっていることが、分野を超えた学際的な共同研究における研究者間の意思疎通を阻害する一因になっていると指摘しました（藤垣 一九九六）。それぞれで妥当性要求基準が異なるということは、何をもって十分に〈科学的〉であるとするのかについての理念

［5］たとえばボーレンら（Bollen et al. 2009）による、あるウェブページをクリックしたのち、次にどのウェブページ／サイトをクリックしたかというページ遷移を追いかけるクリックストリーム解析によって描かれたサイエンスマップなどを参照いただきたい。

が異なっていることを意味しています。そのため、広い意味では同じ科学研究に携わる研究者同士であっても、何が最低限の科学的知識に該当するのかはもちろんのこと、〈科学的〉の部分からすでに話が通じない可能性がある。そういう状況が、いまの細分化された科学研究業界の実態です。

科学・技術が高度に細分化している現在、すべての科学的知識・手法・考え方を学ぶことは到底できません。それどころか、何が〈科学的〉かの判断基準すら画一的に決められるものではないのです。もちろん、細分化自体は決して悪いことではありません。むしろ科学研究にはどんどん細分化し、先鋭化していかなければ追究できないという側面が必ずあります。ただ、市民の科学リテラシー、科学的リテラシーを議論するうえでのとても大切な前提として、少なくとも、たとえ基礎・入門的内容に限定するとしても、現在の細分化した科学領域すべてを理解することを目指すべきではないということは、何度でも強調しておきたいと思います。そもそも無理ですよと。なぜなら、科学研究に携わっている人を含め、誰もその全体を把握し、理解している人などいないのですから。

科学・技術の専門家ではない人にとって、科学リテラシーはどこまで必要か。本章では、東日本大震災よりずっと以前から続く、市民の科学リテラシー涵養《かんよう》をめぐる日本の議論やその経緯を簡単に紹介させていただくとともに、ぜひみなさん自身で考えていただきたい問いを一つお示ししたいと思っています。すなわち、「市民の科学リテラシー涵養をめぐる議論は誰がイニシアチブをとるべきなのか」という問いです。

2　日本の科学リテラシー向上活動の来し方

❖科学技術立国・日本のために

日本では、一九六〇年代にはすでに科学技術週間といった取り組みがなされるなど、世界的にみても非常に早い時期から国民に対する科学啓発活動が盛んに行われてきました。「科学技術白書」[6]でも、一九六〇年代から八〇年代は特に、これからの経済成長を支えるのは科学技術だ、われわれは科学技術立国を目指す、そのための科学啓発活動支援は国家として極めて重要な施策の一つである、といったことが強調されています。

バブル経済が崩壊した九〇年代になると、「若者の科学技術離れ」という言葉が注目されるようになります。理工系学部の学生が就職先として製造業を選ばなくなってきているとか、あるいは理工系学部の志願者比率が徐々にではあるけれども低下しているとか、児童・生徒を対象とした国際学力テストなどでの理数系の平均的学力はトップレベルであるにもかかわらず、科学技術に関する関心が低いとか、

---

[6]「科学技術白書」は一九五八（昭和三三）年から続く日本の科学技術の動向や施策について閣議決定を経てまとめられる公的文書である。一九六四（昭和三九）年以降は毎年発行されていることから、特定テーマをめぐる日本の状況の変化を長期間にわたって経年的に比較検討することができる（有賀・亀井 二〇一四、山口 二〇〇八、Ishihara-Shineha 2017）ほか、科学技術基本法の成立（一九九五年）以降は「科学技術白書」の公文書版が「科学技術の振興に関する年次報告書」と正式に位置づけられている。一九五八年版から最新版までの科学技術白書はすべて、文部科学省ウェブサイトで全文を確認することができる。〈http://www.mext.go.jp/b_menu/hakusho/html/kagaku.htm（最終閲覧日：二〇一九年一月一五日）〉

そうしたことがセットになって、このままでは日本の科学技術の発展を支える人材がいなくなってしまうという懸念が、科学者や科学技術行政、科学教育に携わる関係者の間で指摘されるようになりました。こうした状況のなかで、一九九四年、物理系の三学会が「理科離れの阻止」を訴える声明を出したことで、「理科離れ」という言葉が一般でも広く知られるようになっていきました[7]。

二〇〇〇年代に入ると、かつて日本経済を支えていた製造業などの業績がいよいよふるわなくなり、科学技術・イノベーション人材育成に対する国家的な要請がどんどん強まっていきます。一方で、遺伝子組換え作物の問題など、萌芽的な科学技術の社会受容に関する議論が世間で注目されるようになったのもこの頃です。日本の科学啓発活動は、こうした時代背景のもと、政策的に推進されてきました（藤垣・廣野 二〇〇八、渡辺 二〇〇八）。

❖すべての日本人の科学リテラシー向上を目指して

日本人の科学リテラシー向上のための取り組みを紹介するうえで欠かせないのは、やはり二〇〇六年・二〇〇七年の科学技術振興調整費によって行われた「科学技術の智プロジェクト」です。科学技術の智（または、科学技術リテラシー）を「すべての大人が身に付けてほしい科学・数学・技術に関係した知識・技能・物の見方」（科学技術の智プロジェクト 二〇〇八：一）と定義し、その理想を提示しようという意欲的な取り組みで、当時国際基督教大学教授の北原和夫研究代表のもと、一五〇名を超えるさまざまな分野の科学者、教育者、技術者、マスコミ関係者などが結集した一大プロジェクトでした。結果として、多くの方々の努力で、非常にすばらしい報告書が作成され、公表されています。[8]

具体的には、「宇宙・地球・環境科学」、「情報学」、「生命科学」、「数理科学」、「人間科学・社会科学」、「物質科学」、「技術」の七つの専門部会によるそれぞれの報告書とそれらすべてを総括した「総合報告書」の全八冊が作成されています。〈科学技術の智〉という枠組みのなかで「人間科学・社会科学」が専門部会として入っていることは「科学技術の智プロジェクト」の大きな特徴の一つだったと思います。ともあれ、これら八冊はいずれも、当該分野について、当時の最新の研究動向も踏まえて体系的にまとめられたすばらしい報告書となっていますので、ぜひ読んでみてください。

各専門部会の報告書も総合報告書も、いずれも本当に面白い。面白いのですけれども、これは本当に「すべての日本人のための」ものなのだろうかという疑問がどうしても残ってしまう。実際、プロジェクト終了後の二〇一一年に、七つの専門部会報告書の内容等の改善に向けて、各専門部会の委員の方々と理科を教える現役の小学校教員の方々とで意見交換がなされていますが、そこで小学校教員の方々から出された意見はやはり、「難しい」、「さすがに無理です」、「一般人に合わせて、サイエンスライター等によるリライトが必要」、「すべてを読破し理解するのは時間的に非常に困難」といったものでした（日本科学技術振興財団・科学技術館 二〇一一）。まあそうですよね、と。

実はこの日本の「科学技術の智プロジェクト」にはモデルがあります。それは一九八五年にアメリ

[7]「理科離れ」の定義やその動向については、長沼（二〇一五）に詳しい。
[8]「科学技術の智プロジェクト」の成果や議事録は現在、以下のウェブサイトから確認することができる。〈https://www.jst.go.jp/sis/scienceinsociety/investigation/s4a.html（最終閲覧日：二〇一九年一月一六日）〉

カで開始された「プロジェクト二〇六一――すべてのアメリカ人のための科学（Project 2061：Science For All Americans）」です。「プロジェクト二〇六一」の趣旨は、すべてのアメリカ人が高校卒業時に身につけておくべき科学リテラシーを提示するというものでした。その成果は、一九八九年に全米科学振興会（AAAS）によって冊子として発行されました。[9] 日本版よりも内容はコンパクトにまとまっており、すべての大人が身につけるべき科学リテラシーとして、いまもアメリカにおける理数教育の文脈で参照され続けている存在です。[10] その一方で、科学的知識偏重なのではないかとの指摘もなされています。

かつて全米科学教育者協会の会長を務めたこともある物理学者モリス・シェイモス（Morris Shamos）は、一九九五年にその著書 *The myth of scientific literacy*（『科学的リテラシーという神話』）（Shamos 1995）のなかで、すべての国民の科学リテラシー向上なんてものは絵に描いた餅であると、「プロジェクト二〇六一」を痛烈に批判しました。結局のところ、「すべてのアメリカ人のための科学」で示されているような科学的知識・リテラシーをもつべきはアメリカ国民の二割ぐらいなのではないか。残り八割が備えるべきは、「科学リテラシー」ではなく、「科学アウェアネス」なのではないか、シェイモスはそう批判しました（Shamos 1995）。シェイモス（Shamos 1995）の言葉によれば、「科学アウェアネス」とは、科学的知識というよりは、科学を尊重する態度、探求とはどういうものか、科学が存在することの意味について考えることができるといったものです。これは、いまのOECDの科学的リテラシーのうち、科学的知識以外の要素に注目したものだったといえるでしょう。すべての国民を対象とした科学教育は科学的知識偏重からそういった方向へとシフトするべきなのではないかということが、一九九五年の段階ですでに指摘されていたわけです。「すべてのアメリカ人のための科学」が成果として公表されたのは一九八九年、その後プロジェクトの第二弾として公表された「科学的教養のための水準点（Benchmarks for Science）」が一九九三年ですから、そのアウトカムやインパクトを評価するのに十分な期間があったとはいえないかもしれません。しかしながら、科学的知識偏重に対して早期に異議を唱えているという点で、シェイモスの批判は非常に重要な指摘であったと思います。

日本で「科学技術の智プロジェクト」が開始されたのは二〇〇六年ですが、その前年の二〇〇五年には、プロジェクト全体の目標、進め方、組織のあり方などの検討を目的とした「科学技術リテラシー構築のための調査研究」が実施されています。この頃すでにアメリカでは「すべてのアメリカ人のための科学」の検証がされ始めていました。したがって、日本の調査研究においてもそうしたアメリカでの報告や議論なども当然調査されています。[11] その上で日本版プロジェクトが目指す「すべての国民のための科学リテラシー、科学的リテラシー」というのは、たんにすべての知識を獲得することではないという点が関係者内で議論・認識されていたことが、科学技術の智プロジェクトの議事要録からみてとることができます（科学技術の智プロジェクト 二〇一二）。

ところが、結局つくられたのは、科学的知識がふんだんに詰め込まれた、全八冊にもなる重厚な冊子

［9］現在もＡＡＡＳのウェブ上で無料公開されている〈http://www.project2061.org/publications/sfaa/（最終閲覧日：二〇一八年六月四日）〉ほか、日本語翻訳版が日本の日米理数教育比較研究会により作成されている。〈http://www.project2061.org/publications/sfaa/SFAA_Japanese.pdf（最終閲覧日：二〇一八年六月四日）〉

［10］アメリカにおける理数・科学教育の流れについては、丹沢（二〇〇六）に詳しい。

［11］二〇〇五（平成一七）年度「科学技術リテラシー構築のための調査研究」の成果は、旧科学技術の智プロジェクトアーカイブで確認することができる。〈http://science4all.scri.co.jp/2018/12/13/資料2/（最終閲覧日：二〇一九年一月一八日）〉

集だった。たしかにこれだけの科学的知識をすべて理解できていたら、とても素敵なことだと思います。それぞれの分野の専門家からみれば、これでも相当基礎的な科学的知識に絞られているのでしょう。それでも、いくら理想を提示するとはいえ、さすがにこれは無理なのではないか、そういうものになってしまったのです。

❖日本人の科学的知識は不足しているのか

日本版プロジェクトが目指す「すべての国民のための科学リテラシー、科学的リテラシー」は、すべての知識を獲得することではないということが議論されていたにもかかわらず、なぜこんなにも科学的知識を詰め込むものになってしまったのでしょうか。その背景の一つとして考えられるのは、「日本人は科学的知識が不足している」という強い思いが、関係者のなかで共有され固定化されていたのではないかということです。

一つの例として、複数の国・地域で実施された成人の科学技術理解テスト「共通一一問」の話をします。この共通一一問は、いわゆる理科の筆記テストでなされるような、科学に関する基礎的な知識を問う問題です。日本が二〇〇一年に本テストを実施したとき、平均正答率は五四%、一三位という結果でした。[12]この結果は、科学技術立国として、自分たちの科学技術リテラシーは世界でもトップレベルだと信じていた日本人にとって、とても衝撃的なものだったといわれています。

「平成一六年版 科学技術白書」（文部科学省 二〇〇四）ではこの科学技術理解テストの結果を大きく取り

上げ、「あくまで科学技術リテラシーの一つの側面を表すに過ぎない」と留保しつつも、「我が国は調査対象である国・地域の中で低い水準にとどまっている」として、「我が国の科学技術リテラシーの現状」を嘆いています。そのうえで、「科学技術と社会との関係を適切に判断・評価することが求められて」いるいま、その「判断を支える基礎的素養（科学技術リテラシー）を国民が備えることが重要となる」と主張しています（文部科学省 二〇〇四：第一部第三章第一節[13]）。

「平成一六年年版 科学技術白書」（文部科学省 二〇〇四）では、大人の科学技術リテラシーが低いという前提に立ち、九〇年代から特に注目されるようになった「若者の理科離れ」と絡めて、その理由を次のように解説し、解決策を提案しています。すなわち、児童・生徒を対象とした国際数学・理科教育調査では日本は常に上位をキープしているにもかかわらず、成人での成績が振るわないのは、成人になってからの科学・技術への関心が低いからだ。子どもの頃に、科学・技術が好きだった人は大人になっても科学・技術に関心のある人がどうやら多いらしい。ということは、大人の科学技術リテラシーを向上させるにはもっと科学が好きな子どもを増やすことが重要だ。したがって、子どもに科学の楽しさ・すばらしさをもっと伝えなければならないという解説・提案です。

なぜ「共通一一問」の成績が振るわなかったのか。中等教育における理科教育に改善すべき点があるのでしょうか。もちろん、その側面もあるかもしれません。しかしながら白書の解説には、非常に単

［12］実際の共通一一問とその結果については文部科学省（二〇〇四）および岡本ら（二〇一一）を参照されたい。
［13］文部科学省のウェブサイトで公開されている科学技術白書の電子版は、一部の年版がhtml形式のみで公開されている。そのため、本章で科学技術白書を参照する際には、ページ番号ではなく、部・章・節の番号を示している。

純な、しかし重要な視点が欠けていました。それは、特に正答率が低く、平均正答率を大きく下げる主要因となっている問題の多くが、日本の義務教育、つまり中学までの理科では扱わない知識を問う問題だったということです。そのため、高校に進学して「理系」を選択していなかったら、おそらく知らない/知らなくて当たり前だった。このように、共通一一問に限らず、国際学力テストなどの結果を解釈するにあたっては、それぞれの国の社会背景やカリキュラムの違いによる影響などを当然考慮する必要があります。ところが一三位だという事実があまりに衝撃的だったために、「日本人は科学的知識が不足している」というイメージが強く刻まれてしまった。

この「日本人は科学的知識が不足している」という思い込みはとても厄介です。科学リテラシーは科学的知識だけで構成されるものではないといいつつ、テストしやすく簡単に数値化できてしまう科学的知識の多寡は、どうしたって人びとの関心を引きつけ、まるでそれこそが最も信頼すべき客観的な指標かのように扱われてしまいます。[14] その結果、その後も科学啓発に関する施策立案のなかで、「共通一一問」のような理科の基礎知識の有無や理解度を問うテストで測れるものは、果たして「科学リテラシー」の何をどれだけ反映するものなのかということは十分に検討されないまま、「日本人は科学的知識が不足している(から啓蒙しなければならない)」という思いを強化してしまった側面は否定できないように思います。

一五歳を対象に三年ごとに実施されているPISAの「科学的リテラシー」テストでは、日本は六位(二〇〇六年)、五位(二〇〇九年)、四位(二〇一二年)、そして二位(二〇一五年)というふうに、それなりの好成績を収めている状況です。調査方法や国の人口規模を考えれば、これは非常に高い順位であるというふうに思います。また成人を対象にOECDが実施している別の国際成人力調査(PIAAC)[15]では、科学リテラシーではありませんが、読解力や数的思考力は世界一位の成績を収めています。繰り返しになりますが、学力に関する国際的な比較調査には、そもそもの社会背景の違いや、言語などの方法論的限界、バイアスなど考慮すべき点が多々ありますので、その結果から安易に他国と比較したり一概に何かをいったりすることはできません。しかしながら、少なくとも「日本人の科学的リテラシーは低い（から向上させなければならない）」という前提から議論をスタートさせることの妥当性はもっと疑ってしかるべきだと私は思います。

❖科学は常に正しく、誰にとっても楽しい？

先ほど日本人の科学リテラシー向上のための施策として、「子どもに科学の楽しさ・素晴らしさをもっと伝えなければならない」という提案がなされてきたとお話ししました。この提案には、トランス・サイエンスの時代に求められる科学リテラシーという観点からみると、少々厄介な問題が含まれています。

［14］本章のテーマではないが、なぜ数字になると人は信頼するのか、科学史・科学技術社会論から数値化の意味を照射したものに、『数値と客観性』（ポーター 二〇一三）がある。

［15］国際成人力調査（PIAAC：ピアック）では、ＯＥＣＤ加盟国など二四か国・地域（日、米、英、仏、独、韓、豪、加、フィンランドほか）が参加し、一六歳から六五歳までの男女個人を対象として、「読解力」、「数的思考力」、「ＩＴを活用した問題解決能力」および調査対象者の背景（年齢、性別、学歴、職歴など）について調査される。本調査についての日本語での解説は、国立教育政策研究所のウェブサイトから読むことができる。〈http://www.nier.go.jp/04_kenkyu_annai/div03-shogai-piaac-pamph.html（最終閲覧日：二〇一八年六月四日）〉

それは、科学を楽しい・素晴らしいと思うことだけが科学への関心のあり方ではないということです。

ＰＩＳＡでの「科学的リテラシー」の評価の枠組みには、科学の知識そのものだけではなく、そもそも科学とはどういうものかというメタ科学的な知識や、科学への態度が含まれています。さらにそうした知識・能力・資質を活用して、科学技術が関係する実際の生活場面や状況において、それをどう認識し、どう説明し、どう証拠を用いて考えるか、そうしたことを総合的に判断しなければなりません。この場合、当たり前ですが科学は常に楽しいわけでも、常に明確な答えをくれるわけでもありません。こうしたメタ科学的な視点を涵養するにあたり、「科学の楽しさ・素晴らしさ」を強調した啓発活動や今現在の理科教育だけでカバーしきれるのかというと、おそらくそうではないというのが実情ではないでしょうか。

冒頭で紹介した『トランス・サイエンスの時代』（小林 二〇〇七）のあとがきで、著者の小林は高等学校の理科基礎の教科書作成に携わった際のエピソードを以下のように書いています。

そのあとで、私はこう書いたのである。「このように慎重に試験して作られた薬でも、あとで思わぬ副作用が発見され、社会問題化することもある。科学によって明らかにできないこともあるのだ。そして、何が明らかにでき、何がまだ分からないかをはっきりと示すことも、科学的なものの見方なのである。」すると、検定で注文がついたのである。「科学によって、明らかにできないこともあるのだ。」という一文が問題だという。しかも修正しない限り許可しないという、厳しい検定意見であった。（小林 二〇〇七：二七八–二七九）

科学によって明らかにできないこともあり、そこを見極めることが重要であるという点は、まさにPISAのいう科学的リテラシーの重要なポイントの一つです。にもかかわらず、理科の教科書検定でそれが削除されてしまった。このエピソードは、科学の限界、不確実性といったメタ科学的な議論を日本の理科教育のなかで扱うことの困難さを示唆しているといえます[16]。加えて、若者が理科離れしているという危機感から、自らと同じ「科学好き」を増やしたいという動機をもった科学技術関係者たちが中心となって「すべての日本人が身につけるべき科学リテラシー」を考えるとき、必ずしも楽しいばかりではないトランス・サイエンス的話題が積極的には議論の俎上に載ってこなかったとしてもなんら不思議なことではありません。

❖グランド・デザインを描く難しさ

誰を対象とした、何のための「すべての日本人のための科学」なのか、そのグランド・デザインは誰

[16] 日本の理科教育のなかでトランス・サイエンス的話論がいっさい扱われてこなかったのかというと、そうではない。九〇年代には、科学技術と社会との関わりについて考えるSTS（Science, Technology, and Society）教育（小川 一九九三、Aikenhead 1992）に関する研究や実践が、中等教育において数多く行われていた。しかしながら、多くの教員にとっては専門外の、かつ生々しい現実を扱うことの難しさもあり、二〇〇〇年以降は先端技術を学習の動機づけに利用する「理科教育」に包含されてきたと指摘されている（内田・鶴岡 二〇一四）。近年の科学教育研究では、STS教育ではなく、認知理論や学習理論の知見を参照したSSI教育（Socio Scientific Issue education）としてリフレーミングされ、新たな研究展開をみせている（坂本ほか 二〇一六、Zeidler et al. 2005, Zeidler 2014）。

がどのように描くのがよいのでしょうか。「科学技術の智プロジェクト」では、一五〇名を超えるさまざまな分野の科学者、教育者、技術者、マスコミ関係者などが結集し、七つの専門部会に分かれて作業していいます。非常にたくさんの人が関わる一大プロジェクトです。そうすると、当然、すべての人が集まって、意識共有することは事実上不可能です。そういったなかで、それぞれビジョンが統一された報告書をつくるとなると、やはりグランド・デザインが極めて重要となります。

ところがやはり、なかなかそこを共有する、あるいは、お互いに納得して何かをつくりあげるというのは非常に困難であったということが、公開されている「科学技術の智プロジェクト」の各種議事録からみてとることができます。たとえば、それぞれの専門部会で書かれた報告書について、完成稿とする前に、異なる専門部会や企画推進会議の委員に確認してもらい、コメントをもらう閲読作業が入っているのですが、その際の閲読コメントを見てみたいと思います。[17]

まず目につくのは、「この報告書が、一般の人々に読んでもらえるかという点については、なお、疑問が残ります。最後まで読み進めないのではないかという不安です。特に、数式や演算子が入った部分になると読者の対応が可能かどうか」（「閲読意見——数理科学専門部会報告書案」より抜粋）といった内容の難易度に対する指摘です。ほかの専門部会の報告書案に対しても同様に内容の難解さに対する指摘がありますが、結局最終版でも、すべては修正されないままに残っています。

さらに注目したいのは、目的や対象についての次のコメントです。

この内容を誰に、どのような形で読んでもらうのかによって変わってくると思います。今まとめられている他の部会のものも含め、読者の対象と、報告書の形態によって書き方が変わるはずです。そこが私には分からないため、コメントは困難です。もし一般の方を対象とするならば、このままではつらいと感じました。（「閲読意見――物質科学専門部会報告書案」より抜粋）

本プロジェクトの途中から、今年度に作成するレポートは普通の日本人成人を対象にしたものではなくて、教育関係者、一般の有識者、報道人などを対象にしたものに変わった（?）ように伺っているが、そうであるとしても、平均的な小学校教諭が本レポートの内容をどこまで理解できるかということになると非常に気になるところである。（「閲読意見――生命科学専門部会報告書案」より抜粋）

最終的な総合報告書での序文でも、その対象については「すべての日本人」であると明記されています。しかしながら、「すべての日本人」には当然、科学技術系の仕事につく人もそうではない人もいます。結局、こうした閲読コメントが示唆するように、実際に作成に携わっていた方々にとっても、「すべての日本人」とはいったい誰のことなのか、必ずしも明確ではなかったといえます。ここに、多くの分野の科学者らが関わる一大プロジェクトゆえの難しさをみてとることができるのではないでしょうか。

［17］これ以降に参照する各部会報告書案への閲読意見については、科学技術振興機構科学コミュニケーションセンターのサイトで二〇一三（平成二五）年四月から一般公開されていた。しかしながら、二〇一八（平成三〇）年一月に科学コミュニケーションセンターが「科学と社会」推進部に改組され、同年一〇月に当該サイトがリニューアルされたことに伴い、二〇一九年一月現在はリンク切れとなっている。

❖グランド・デザインは誰がどう描くべきか

ハーバード大学教授で科学社会学者のシーラ・ジャザノフが *The fifth branch*（『第五の権力』）（Jasanoff 1990）という本のなかで、科学技術に関わる専門的インプットの正統性について議論しています。この本自体は、アメリカのレギュラトリーサイエンス[18]のあり方について扱ったものですが、そのなかで紹介されているエピソードが、科学リテラシーのグランド・デザインを誰がどう描くべきかを考えるうえでの一つのヒントを与えてくれているように思います。ジャザノフは、一九七〇年代、八〇年代のアメリカ環境保護庁と食品医薬品局の諮問委員会における人工的な化学物質の規制に関する議論の際に、各学術コミュニティの研究者らがどう規制するべきかという社会的な視点からではなく、それぞれが属する各学術分野の意見を代表したロールプレイをしてしまうことを指摘しました（Jasanoff 1990）。このジャザノフが指摘したのと同じような状況が、「科学技術の智プロジェクト」においても起きていたのではないでしょうか。

実際に報告書を執筆された方ではないですけれども、本プロジェクトに関わる会議に出席したり閲読に関わったりされた、とある委員の方にお話をうかがう機会があったのですが、「執筆者らがみていたのは、自分が所属する学術コミュニティだったのではないか。この報告書にコンテンツとして記載しておかなければ、今後の予算配分で自分たちの領域が不利になるという意識が働いていたように思う」というふうにおっしゃっておられました。大きな会議にいろいろな分野から人が集まってくるため、当たり前ですがそれぞれの発言機会は非常に限られています。その限られた機会に、自分たちの分野はこんなに大事だときちんと言っておかないといけない。「きちんと言ったよ」と、その場にいない同じ研究分野の仲間に示しておかなければならない。そういった意識で発言されているように思われる方がいた。結果として、全体を考えたうえで優先順位をつけ、具体的に何を削るのかという議論は会議のなかで出てくることはほとんどなかったように記憶している、と。結局みていたのは自分たちの学術分野であり、その分野に優秀な学生がたくさん来てほしいという思いだったのかもしれません。

そういうことを聞くと、少し思うわけですよね。「すべての日本人のための科学リテラシー」を考える際に、科学者がグランド・デザインを描いてよいのでしょうか。科学者自身が考える「すべての人が身につけるべき科学リテラシー」は、本当に「すべての人」が身につけるべきものなのでしょうか。こういったことを考えていくうえで、科学者や科学の専門家ではない人びとがこれまで向き合ってきた、科学技術をめぐるコミュニケーションの歴史を少し読み解いていきたいと思います。

[18] レギュラトリーサイエンスとは、健康や環境に関する公共政策に科学的根拠を与える科学を意味しており、「行政科学」、もしくは「規制科学」ともいわれる。日本では、薬学者である内山充によって一九八七年に、ジャサノフら欧米圏におけるレギュラトリーサイエンスのとらえ方とは異なるレギュラトリーサイエンス概念が提唱されている（内山 一九八七、中島 二〇〇二）。内山は、レギュラトリーサイエンスの訳語を「評価科学」とし、「評価科学」とは、科学技術の成果を「人と社会」に調和させ、真に役立たせるために、あらゆる場面において、的確な根拠を基に最適な評価・判断をするのに必要な方法論や解析法を追究する科学であると述べている（内山 二〇一〇）。

3 科学技術をめぐるコミュニケーションの歴史

❖「欠如モデル」批判

科学をめぐる多様なコミュニケーションの歴史を振り返っていくにあたって、イギリスを中心に一九八〇年代に起こった「科学の公衆理解」と呼ばれる啓蒙運動の議論から始めたいと思います。議論の発端は、一九八五年にイギリス王立協会が発表した報告書 The public understanding of science（「科学の公衆理解」）（通称ボドマーレポート）（Royal Society 1985）でした。当時のイギリスでも、国民の科学離れが深刻な問題として受け止められており、国民の科学技術理解を向上させることが重要な課題とされていました。科学技術理解増進のための啓蒙活動としての科学コミュニケーションの推進が、科学技術政策の一環としてとらえられ、そのための制度も次々と整えられていきました（渡辺二〇〇八、標葉二〇一六）。

しかしながら、そのようなイギリスにおける科学コミュニケーションの重要なターニングポイントとなるいくつかの〈科学の危機〉が訪れます。その一つが「ＢＳＥ（牛海綿状脳症）問題」、いわゆる狂牛病のヒト感染をめぐる問題です。

一九八六年にイギリスで最初のＢＳＥ感染牛が確認され、その後イギリス全土でＢＳＥに感染した牛が発見されるようになりました。一九八八年、イギリス政府はサウスウッド委員会（オックスフォード大学の動物学者サウスウッド教授ら四名の科学者で構成される専門家委員会）を設置、翌一九八九年にサウスウッド委員会が報告書を提出しました。その報告書では、誤っている可能性はあるとしつつも、感染牛の見積もりは少なく、ヒトへの感染はまずありえないとされていました。しかしながら、実際には感染牛は増え続け、一九九六年にはついにヒトへの感染も確認されるに至り、イギリス社会はパニックに陥ったのです。人びとの科学への信頼は大きく揺らぎました。報告書を科学的根拠として大々的な安全キャンペーンを打ち出してしまった行政、科学的に不確実なことについて、科学者はどこまで踏み込んだ警告をする責任があるのか。科学技術をめぐるコミュニケーションでのそうしたトランス・サイエンス的側面に関する議論が一気に高まった事例です。[19]

このことが一つのきっかけとなり、イギリスにおける科学コミュニケーションは、「啓蒙」から「信頼構築」へと大きく舵を切ることとなります。二〇〇〇年に発表されたイギリス上院科学技術委員会による報告書'Science and society'（「科学と社会」）(House of Lords 2000) では、科学コミュニケーションをこれまでの啓蒙的な活動としてではなく、科学と社会との双方向性に主眼を置いたコミュニケーションとして明確に位置づけられました。この報告書はその後の欧州の科学コミュニケーション政策に大きな影響を与え、いわゆる「欠如モデル」から脱却し、社会と対話する新しいモデルへの大きな流れをつくりました。

「欠如モデル」(Wynne 1991) というのは、一般人は知識を欠いた空っぽのバケツであり、そこに知識という水を注ぎ込み啓蒙すれば、当該科学技術を受容し、問題は解決するという、一方向的な啓蒙活動だけで解決しようとするパターナリズム的な考え方のことです。ウィンは、一般の方はたんに無知なのではなく、それぞれの文脈で独自の知識をもっていて、科学への態度、科学技術への態度というのは、

[19] イギリスのBSE騒動については、小林（二〇〇七：四〇-四七）に詳しい。

その科学的知識の多寡だけでは決まらない。したがって、欠如モデルに基づいたトップダウンの施策では、実際の問題解決、あるいは社会的合意をもたらさない、といった批判を行いました。

ここで重要なこととして、ウィンの「欠如モデル」批判では、決して一方向の知識伝達そのものを否定しているわけではないということです。当然、これこれの知識がないとそもそも議論ができないという線は、それぞれの問題ごとに存在しています。その知識欠如を埋めるための情報提供は否定していない。むしろ、重要な前提条件だと。しかしながら、それだけをしていればいい、知識があれば受容する、というのは違う。つまり、知識がないから科学技術に対して否定的な態度になるのだという前提に立って、トップダウン的な一方向の知識伝達だけで終わらせようとするパターナリズム的やり方は問題の解決をもたらさない。ウィンの「欠如モデル」批判とは、そういう批判だったわけです（標葉 二〇一六）。

❖遺伝子組換え作物の「失敗」

ウィンの指摘の重要性、つまり科学の公衆理解だけではない科学コミュニケーションの重要性が実際にデータとして示されている事例があります。その一つが、欧州における遺伝子組換え作物をめぐる議論です。現在、欧州ではほとんど遺伝子組換え作物は作付けされておらず、欧州は遺伝子組換え作物に対しては慎重派だといわれています。では欧州は初めから遺伝子組換え作物に対して慎重だったのかというと、そうではありません。当初は、欧州においても、遺伝子組換え作物は、さまざまな食糧問題を解決するすばらしい新技術だと期待され、科学者やバイテク企業による作付けを増やそうという動きがありました。しかしながら、一九九〇年代のイギリスを中心に遺伝子組換え作物が大きな社会的議論となり、結果として遺伝子組換え作物はほとんど社会受容されなかったばかりか、市民の科学者への不信を招いたとさえいわれています。その際の議論の対立を振り返ると、科学者やバイテク企業といった推進派と、消費者や一般市民との間で、遺伝子組換え作物をめぐる問題のとらえ方に大きな違いがあったことがわかります。

科学者やバイテク企業は、安全性試験のデータやそのデータの科学的妥当性をしっかりと提示し、遺伝子組換え食品を食べても人間の遺伝子は組み換わりませんよといった「正しい知識」をきちんと啓蒙していけば、遺伝子組換え作物は当然受容されるというふうに思っていました。ところが実際には、一般の人びとの科学への態度は科学的知識の多寡だけでは決まらなかった[20]、つまり、遺伝子組換え技術の安全性に関する正しい科学的知識がある（少なくとも知識を問う問題に正解する）からといって、必ずしも遺伝子組換え作物を受容するとは限りませんでした[21]。一般の人びとの遺伝子組換え作物に対する疑念はその科学的な安全性だけに向けられていたわけではなかったのです。

では、一般の人びとは遺伝子組換え作物の普及に対してどのような疑念を抱いていたのでしょうか。

[20]　地球温暖化、ナノテクノロジー、遺伝子組換え作物、再生医療などといったような科学をめぐる論争を題材とした、一般の人びとの科学への態度と科学的知識の多寡との関連を問う研究としては、Eurobarometer 64.3（Gaskell et al. 2006）がよく知られている。Eurobarometer 64.3 やその他の同様の研究において、科学的知識はたしかに科学への態度に影響する要因の一つであると考えられること、一方で個人を取り巻く文化や社会、本人の政治信条、また題材そのものの違いなど、ほかの要因の影響も複雑に関わるものであり、単純な欠如モデルは当てはまらないことが示されている（Allum et al. 2008, Bauer & Gaskell 2002, Drummond & Fischhoff 2017, Mielby et al. 2013, Sturgis & Allum 2004）。

それはたとえば、科学的な検証ではコントロールできていない要素、実際に畑に出したときには、いろんな昆虫や動植物がいるが、そうしたものによる環境への拡散・影響はどうなのかといったこと。あるいは、日常的経験で人間って間違いを犯すよねと。「こうすれば安全です。こうすれば大丈夫です。こう管理しています」と声高に言われても、本当にその管理は徹底できますか。そうではないんじゃないですか。結局、何かが起こったときに、権力側にいる人たち、情報を握っている人たちはどういう振舞いをするのか。何かわれわれにとって不利なことをするのではないですか。過去のそうした人びとの振る舞いに関する知識に基づいて、ガバナンス体制はどうなっているんですかと。そこがわからない段階で、特に食品という製品の中に入ってしまえば、消費者側には選択の自由も失われていく。そういった強制的な形で、われわれが新しいものを受け入れなければならない理由はいったい何なんですかと。そういったところを疑問に思っていたわけです。

そうした疑問を抱いていた多様な人たちに対して、推進派は、遺伝子組換え作物はこういう検査でこういう科学的データが得られているので安全ですよということを伝える啓発活動にばかり力を注いでいました。推進派は、「科学的知識がないために主観的・感情的に反発している」という、存在しない「一枚岩の反対派」像を描いてしまっていたのです。

二〇〇一年に発表された'Public Perceptions of Agricultural Biotechnologies in Europe'（「欧州における農業バイオテクノロジーに関する一般市民の認知報告書」）（PABE 2001）で、利害関係者が信じていた公衆の遺伝子組換え作物のとらえ方には次の一〇の神話があったと総括されています。

（一）根源的な問題は、一般市民が科学的事実を知らないことである。
（二）人びとは、遺伝子組換え作物に対して「賛成」か「反対」のどちらかである。
（三）消費者は医療用の遺伝子組換え作物は受け入れているが、食品・農業に利用される遺伝子組換え作物は拒絶している。
（四）欧州の消費者は、貧しい第三世界に対して利己的に振る舞っている。
（五）消費者は、選択の権利を行使するために遺伝子組換え表示を欲している。
（六）一般市民は、誤って、遺伝子組換え作物は不自然なものだと考えている。
（七）市民が規制機関を信用しなくなってしまったのは、ＢＳＥ（狂牛病）危機の失策が原因である。
（八）一般市民は「ゼロリスク」を要求しているが、これは非合理的である。
（九）遺伝子組換え作物に対する一般市民の反対は、倫理的または政治的といった「ほかの」要因によるものである。

［21］二〇一九年一月一四日に『ガーディアン（*The Guardian*）』紙が、科学的無知が遺伝子組換え食品への強固な反対意見につながっていることが研究でわかったと報じている〈https://www.theguardian.com/environment/2019/jan/14/gm-foods-scientific-ignorance-fuels-extremist-views-study?CMP=share_btn_tw（最終閲覧日：二〇一九年一月一八日）〉。しかしながら、当該記事中で言及されているファーンバックら（Fernbach et al. 2019）の研究が示しているのは、遺伝子組換え食品に対して強い反対を示す層では能力のない人ほど自らを実際よりも高く評価してしまう認知バイアスであるダニング＝クルーガー効果（Kruger & Dunning 1999）が認められること、その傾向は地球温暖化問題では認められないこと、米国においては遺伝子組換え食品への態度と科学的知識の多寡には関連が認められた一方でフランスとドイツにおいては認められなかったことであり、遺伝子組換え作物をめぐる論争において単純な欠如モデルがあてはまることを示すものではない。

（一〇）一般市民は、事実を歪曲する扇情主義的なメディアの従順な犠牲者である。（PABE 2001：78–87、筆者抜粋・翻訳）

「根源的な問題は、一般市民が科学的事実を知らないこと」であり、「一般市民は、事実を歪曲する扇情主義的なメディアの従順な犠牲者」なのだと。だからわれわれが正しい情報をメディアできちんと発信していけば、この問題を解決できる。まさに欠如モデルの通り考えられていたけれど、それは「神話」だった、そう総括されています。

ＢＳＥ問題、そして遺伝子組換え作物のこうした議論を経て、欧州における科学の公衆理解活動は、欠如モデルから、双方向モデルと呼ばれるような科学コミュニケーションへと展開していくことになります。

❖啓蒙から対話・市民参加へ

欠如モデルでは、専門家は常に専門家であるし、非専門家は常に非専門家であるというような、固定的な考え方をします。この場合、知識の流れは一方向的です。それに対して双方向モデルでは、知識の流れは一方向ではなくて、互いにもっている知識、多様な方向からの知識を交流させていくと考えます。つまり場合や状況、たとえば、同じ原子力発電などでも、原子力発電所のメカニズムについては、この人たちが専門家だけれども、それがいざ起こってしまったときの、こういった結果については、こっちが専門家だというような、そうした、誰が専門家だというのが流動的で、相互変換可能であるという考え方です。

双方向性モデルの考え方の基本として、欠如モデルは科学啓蒙主義的であり、意志決定において科学的合理性を過度に信頼しすぎているという批判があります。それに対して、双方向モデルは文脈・状況依存的であり、意思決定においては、科学的合理性だけでなく、科学以外の要素、たとえば倫理的・法的・社会的なものも加味して考えるべきであるとします。そのためには、科学をめぐるコミュニケーションは双方向的でなければならない。こうして、欧州における科学コミュニケーション政策のフレームは、啓蒙から対話・科学技術への市民参加へと移行していきました[22]（Bucchi 2008, Van der Auweraert 2005）。

日本の科学コミュニケーション政策の流れもほぼ同じように、欠如モデルから双方向モデルへと移行してきました。いまの日本の科学技術政策では、一九九五年に成立した科学技術基本法に基づき、五年ごとに科学技術基本計画が策定されており、二〇一八年現在は第五期科学技術基本計画に従って科学技術政策が進められています。そのなかに組み込まれている科学コミュニケーション政策も、第一期（一九九六-二〇〇〇）では欠如モデル的な一方向の知識伝達型啓蒙活動の推進を謳っていたものが、第二期、第三期と進むにつれ、双方向的な科学コミュニケーション活動が大切だということが強調されるようになりました。しかしながら、双方向的なモデルが大切だといいながらも、その内実は、啓蒙・説得型的な欠如モデルに基づくコミュニケーションのままのものが多く維持されていました（Ishihara-Shineha 2017）。

［22］こうした変化を一つの背景として、イギリスでは二〇〇六年に科学と社会の関係を考えることができる市民を育てるための科学カリキュラム改革も行われた。しかしながら、ほどなく学問的な要求度が低いなどの批判がマスコミをにぎわせ、結果として中等教育全般について伝統的な学力の増強政策が打ち出されるなど、科学的知識の習得を重視する方向へと再び転換されている（笠二〇一七）。

そうした日本の科学コミュニケーションの大きな転機になるのではないかといわれたのが、東日本大震災と福島第一原子力発電所事故（以下、福島第一原発事故）でした。科学技術に関わる問題の意思決定について、いままでかなりの部分を科学技術の専門家に委任してきたけれど、システムの不確実性や影響の大きさ・多様さなどを考えると、本当に科学者だけで決めていいのだろうか。もっと「拡大されたピアレビュー共同体」（Ravez 1999）、すなわち専門家だけではない人たちの共同体で考える必要があるのではないか。東日本大震災を契機に、ようやくそうした議論が社会的なアジェンダとして認識されるようになってきました。震災後に発表された第四期、第五期科学基本計画のなかでも、国民の視点に基づくイノベーション政策が重要だとか、そのためには科学技術コミュニケーション活動を推進していきましょうというのが、やはり、大きく打ち出されるようになります。双方向性の対話型科学コミュニケーションの重要性は、実際には東日本大震災以前から、政策的に打ち出されてはいたのですけれども、それが震災以降より強調されるようになったわけです。

❖根強い欠如モデル

東日本大震災後の二〇一一年の七月に発行された「平成二三年度版 科学技術白書」（文部科学省 二〇一一）では、震災を受けて急遽、序文などが大きく付け加えられました。その付け加えられた序文には、これまでの一方向的なコミュニケーションを反省し、これからは科学技術と社会との対話が大切であり、科学技術は社会とともにつくり進めなくてはならないと書かれています（文部科学省 二〇一一）。

それはまさに、欠如モデルからの脱却をあらためて宣言しているかのようです。ところが、読み進めていくと、「科学技術に対する国民の理解と信頼と支持を得る」には、「正しい安全性についての情報が消費者に伝わっていないことが大きな原因だ」、「社会に正しく理解」されなければならないという表現が次々と登場します。結局、批判されたはずの「欠如モデル」に戻ってきてしまっているのです。もちろん、科学的知識があることによって低減される不安はあります。正しい知識の伝達は、それはそれでやるべきことの一つです。でも、あまりにそれが強調されてしまっているように思います。

イギリスの遺伝子組換え論争で推進派が信じていた一〇の神話がありました。日本の福島第一原発事故後の混乱を振り返り、それを少し置き換えてみます。「根本的な問題は原子力について無知なことだ」、「人々は賛成か反対のどちらかだ」、「医療用の放射能は受け入れるが、原子力は拒否している」、「電力は足りないのに利己的に振る舞っている」、「一般市民は、誤って、放射能は不自然なものだととらえている」、「ゼロリスクを要求しているが、これは不合理だ」、「市民は扇情的なメディアの犠牲者だ」。どうでしょうか。どこかで聞いた話ですよね。欧州の遺伝子組換え論争で指摘されたことと同じことが、いま、日本で起きているというふうに考えることもできるのではないでしょうか。結局、「欠如モデル」が繰り返されているんです。科学コミュニケーションの観点からみると、東日本大震災が突きつけたのは新たな論点などではなく、もともと震災の前からあった構造的な問題、つまり政策の看板としては双方向性や対話が大切ですよといいながら、欠如モデル的科学コミュニケーションが評価・報告され続けていた、そうした現状だったのです[23]。

❖何が見落とされていたのか

東日本大震災後の日本の科学コミュニケーションをめぐる混乱を理解するうえで、田中幹人が整理した科学技術をめぐるコミュニケーションの三つの位相（田中二〇一三）を紹介したいと思います。

まず一つ目は、狭い意味での「科学コミュニケーション」です。科学の楽しさであったり、科学の内容だったり、科学に関心をもってもらいたいという目的でなされるコミュニケーションです。理科教室であったり、サイエンスカフェであったり、震災前から数多く実施されていた科学コミュニケーション活動の多くがこれに該当します。こうした活動は、科学の、科学ファンの裾野を広げるという意味で非常に重要な活動であり、日本には世界的にみても優れた活動がたくさんあります。

次に、いざ有事のときに必要とされるのが「クライシスコミュニケーション」です。この場合、ある程度、独断的なしっかりとしたガバナンスのもとでコミュニケーションをとっていかなければなりません。

そして、三つ目、「科学コミュニケーション」と「クライシスコミュニケーション」の間にある位相が「リスクコミュニケーション」です。トランス・サイエンス的な話、つまり科学は楽しいとかそういうことだけではない、科学の不確実性や、科学以外の要素も絡んでくる問題についてどう考えますかということを扱う、平時におけるコミュニケーションを指します。リスクは何にでもあって、トレードオフ関係のものも多い。それらのリスクについてどう考えるかというときに、科学的合理性だけではなくて、科学以外の要素も含めて、それぞれの分野の専門家とそうでない人びととで行う「リスクコミュニケーション」が、狭義の「科学コミュニケーション」と比して、日本ではあまり経験が蓄積されていなかった。震災直後の「クライシスコミュニケーション」の位相が終わり、やがて「リスクコミュニケーション」が必要な位相となったにもかかわらず、狭義の「科学コミュニケーション」スタイルで行こうとしてしまったために、日本の科学コミュニケーションは機能不全に陥ったのではないかと田中（二〇一三）は指摘しています。

4　おわりに

いま、東日本大震災を受け、かつての「科学技術の智プロジェクト」の見直しが始まっています。二〇一五年二月には、科学の暫定性、不確実性、答えのない問題などへの対処につき特に配慮することを基本方針の一つとした、『科学技術リテラシーに関する課題研究報告書 改訂版』が科学技術振興機構科学コミュニケーションセンターから公表されました。その報告書では、科学技術の智プロジェクトではほとんど言及されていなかった、リスクリテラシーが大きく取り上げられています（科学技術振興機構科学コミュニケーションセンター 二〇一五）。再び議論が動き始めた「すべての日本人のための科学リテラ

［23］このような科学コミュニケーションにおける「欠如モデル」の根強さは、欧米においても指摘されている。その要因として、「知識が欠如した公衆」像が科学者や政策担当者のなかで共有されていることや、科学技術系人材の多くが社会とのコミュニケーションに関する教育を受けていないこと、啓蒙的な活動のほうが実施しやすくまた評価が容易なことなどが挙げられている（Bucchi 2008, Simis et al. 2016, Sturgis & Allum 2004, Trench 2008, Wynne 2006）。

シー」ですが、かつてを振り返り、知識があればすべてが解決するというような無意識の前提を引いてしまっていないか、すべての日本人とはいったい誰なのか、なぜ科学リテラシーが必要なのか、そして、そうした議論は十分になされているかという点を常に強く意識しておく必要があると思います。

科学技術の分野に進む人にも進まない人にとっても、小学校でできること、中学校でできること、高校、大学、あるいは学校外の博物館や科学館で、生涯学習として、科学リテラシー涵養のための取り組みには、いろいろな場面、状況が考えられます。では、科学技術の専門家ではない人が社会の一員として必要とされる科学リテラシーという観点に立ったとき、高等教育で涵養すべきことはいったい何なのでしょうか。最初のほうに示したOECDの定義を借りれば、「科学のあり方や社会的選択に積極的に関与して発言を行う、善き批判者、成熟した市民として」大学を卒業した人が身につけておくべきものは何かとも問うことができます。それはたとえば、科学技術をめぐる社会の問題において、当該科学技術の専門家ではなくても、自らの考えや疑問を言語化し、語る力なのかもしれません。

ここで忘れてはならないのは、市民として必要最低限の科学リテラシーはこれだと定義し、その涵養活動をトップダウン的に行うことは、対象となる主体の生活への介入を意味するということです（工藤二〇一五）。多様な主体に対してそうした介入を行うことの正統性は何なのでしょうか。科学リテラシーを保持することは、個人の「権利」なのでしょうか、それとも「義務」なのでしょうか。その視点に立って考えると、市民の科学リテラシーについて議論するにあたり、いままでのように科学好きな人びとが主導権を握ることは果たして適切なのでしょうか。

もちろん、多様な科学技術に関わる科学的知識や科学的な考え方それぞれについては、それぞれの専門家にしかわからないことがたくさんあります。やはり、体系化された「正しい知識」が強い力を発揮する場面はありますし、知識供与型のスタイルで伝えていくというやり方が大切な場面というのは必ずあるでしょう。大学における自然科学系の座学はそのよい例の一つだと思います。一方で、自分は「最低限の正しい科学知識」をもっていると思っていても、ほんの少し分野が変わった途端に実はまったく知識をもっていないということも、たくさんあります。そのときに、「そんなことも知らないのか」というような知識の棍棒で殴るというようなスタイルをとっていては、それを知らない人が代わりに何を知っているのかとか、それを知らない人はその技術をどうとらえるのか、どう使おうとするのかという部分がみえなくなってしまいます。それではいけない。だからこそ、社会の一員として求められる市民の科学リテラシー涵養をめぐる議論では、専門家だけでない多様な人びとの協働が鍵になってくるわけです。

小林信一は、一九二九年にオルテガ・イ・ガセットが議論した「文明社会の野蛮人」概念（オルテガ・イ・ガセット 一九九五）を引用し、たしかに「科学技術文明が高度に発達すると、科学技術を志す若者がかえって減少する」が、科学技術が高度化していくにつれてそれそのものに対する関心はもっていないけれどその技術自体は受容しているという人たちが増えるという事態は科学技術の高度化に伴って必然

［24］科学技術に高い関心を示すわけではない人びとの科学技術に関わる意思決定への参画を促すための取り組みとして注目されるものに、たとえば、独立行政法人科学技術振興機構社会技術研究開発センター（RISTEX）の「戦略的創造研究推進事業（社会技術研究開発）――科学技術イノベーション政策のための科学研究開発プログラム」のプロジェクトの一つとして実施されていた「STI（科学技術イノベーション）に向けた政策プロセスへの関心層別関与フレーム設計」（二〇一二–二〇一五、プロジェクト代表：加納圭）がある〈http://www.pestij.jp/home（最終閲覧日：二〇一八年六月四日）〉。また筆者自身も、ゲーミングを活用した科学と社会をつなぐコミュニケーションへの参加障壁を下げるための教材づくりを進めている（標葉ほか 二〇一七）。

的に発生することであり、そうした状況を「理科離れ、科学離れは問題だ」というようなとらえ方をしていて本当にいいのか、という指摘をしています（小林 一九九二）。私はこの指摘をいまこそ考えるべき非常に重要な指摘だと思っています。科学技術が高度に細分化しているいま、常にそれらすべてを意識していたら、身がもたないじゃないですか。それこそ、福島第一原発事故後にあちこちで飛び交った「シーベルト」や「ベクレル」という言葉も、ああいうことがなければ、多くの人にとって知らなくても別に構わないことだったと思いますし、あの時点でそれを知らなかったこと自体がまずかったわけではないというふうに私は思っています。

何か科学技術に関わることで考えなければならないことが起きたとき、この話題について議論するためにまずはこの科学的な知識や考え方はおさえておきましょう。そういう意味での一方向的な知識伝達や啓蒙活動は、決して間違っていない。そのこと自体は、決してウィン（Wynne 1991）が批判した「欠如モデル」にはあたらない。大切なのは、そうした知識提供がなされたうえで、では社会としてどう考えていきますかというのを、その問題の専門家だけでなく、もっと広く議論して決めていきましょうということです。科学技術に関わる問題でも、そうした対話や共創が大切な場面があるということを日頃から意識できていれば、個別の科学的知識について、必ずしも事前に網羅しておく必要はないのです。

私自身はやっぱり科学が好きですし、好きだから放っておいても自分で調べたりしますが、その感覚で、そうではない人たちに、科学は楽しいですよ、もっと科学的知識を身につけましょうといっていても、それはたんなる押しつけでしかない。社会の一員としてもつべき科学的リテラシーの話をしてきましたが、これは、科学的なことが密接に関わってくるような社会的な議題に対して、当該科学技術の専門家ではない市民がある種のシチズンシップを発揮するにはどうすればいいのかという話でもあります。シチズンシップの発揮という観点でいけば、おのずと自然科学だけが切り離されるものではなくて、あらゆる知を総動員しなくてはいけない。科学技術が特に好きというわけではないという多様な人びとそれぞれの文脈に、科学技術をめぐる議論をどう位置づけていけるのか。科学技術の専門家ではない人への科学リテラシー教育を考える際には、そうした議論がとても大切だと思っています。[24]

――参考文献

有賀暢迪・亀井修（二〇一四）「科学技術白書にみる「技術革新」の意味合いの変遷」『国立科学博物館研究報告 E類理工学』三七、二五‐四一

内田隆・鶴岡義彦（二〇一四）「日本におけるＳＴＳ教育研究・実践の傾向と課題」『千葉大学教育学部研究紀要』六二、三一‐四九

内山充（一九八七）「Regulatory Science」『衛生支部ニュース』（全厚生職員労働組合国立衛生試験所支部）二七二、一‐四

内山充（二〇一〇）「レギュラトリーサイエンス――科学のベースとフロンティアを支える」『ファルマシア』四六（八）、七三一‐七三四

ＯＥＣＤ［編］／国立教育政策研究所［監訳］（二〇一六）『ＰＩＳＡ二〇一五年調査評価の枠組み――ＯＥＣＤ生徒の学習到達度調査』明石書店

岡本信司・丹羽冨士雄・清水欽也・杉万俊夫（二〇〇一）『科学技術に関する意識調査――二〇〇一年二‐三月調査』（NISTEO REPORT 72）文部科学省科学技術政策研究所〈http://data.nistep.go.jp/dspace/bitstream/11035/612/1/NISTEP-NR072-FullJ.pdf（最終閲覧日：二〇一八年六月四日）〉

小川正賢（一九九三）『序説ＳＴＳ教育――市民のための科学技術教育とは』東洋館出版社
オルテガ・イ・ガセット・Ｊ／神吉敬三［訳］（一九九五）『大衆の反逆』筑摩書房
科学技術振興機構科学コミュニケーションセンター（二〇一五）『科学技術リテラシーに関する課題研究報告書 改訂版』科学技術振興機構科学コミュニケーションセンター〈https://www.jst.go.jp/sis/data/theme_static/csc/pdf/literacy_01.pdf（最終閲覧日：二〇一八年一二月一三日）〉
科学技術の智プロジェクト（二〇〇八）『二一世紀の科学技術リテラシー像――豊かに生きるための智プロジェクト 総合報告書』〈https://www.jst.go.jp/sis/scienceinsociety/investigation/s4a.html（最終閲覧日：二〇一九年一月一八日）〉
科学技術の智プロジェクト（二〇一二）『日本人が身につけるべき科学技術の基礎的素養に関わる調査研究――二一世紀の科学技術リテラシー像―豊かに生きるための智―プロジェクト 公式会合（企画推進会議・専門部会等）二〇〇六年一二月-二〇〇八年三月 議事要録』
川本思心・中山 実・西條美紀（二〇〇八）「科学技術リテラシーをどうとらえるか――リテラシークラスタ別教育プログラム提案のための質問紙調査」『科学技術コミュニケーション』三、四〇-六〇
工藤 充（二〇一五）「科学技術リテラシーを巡る議論の射程についての省察――「科学技術の智」プロジェクト総合報告書の記述の検討を通じて」『科学技術リテラシーに関する課題研究報告書 改訂版』科学技術振興機構科学コミュニケーションセンター、一二一-一二八頁
小林信一（一九九一）「「文明社会の野蛮人」仮説の検証――科学技術と文化・社会の相関をめぐって」『研究 技術 計画』六(四)、二四七-二六〇
小林傳司（二〇〇七）『トランス・サイエンスの時代――科学技術と社会をつなぐ』ＮＴＴ出版
西條美紀・川本思心（二〇〇八）「社会関与を可能にする科学技術リテラシー――質問紙の分析と教育プログラムの実施を通じて」『科学教育研究』三二(四)、三七八-三九一
齊藤萌木・長崎栄三（二〇〇八）「日本の科学教育における科学的リテラシーとその研究の動向」『国立教育政策研究所紀

要』一三七、九–二六
坂本美紀・山口悦司・西垣順子・益川弘如・稲垣成哲（二〇一六）「科学技術の社会問題に関する学習者の思考の評価フレームワークの研究動向」『科学教育研究』四〇(四)、三五三–三六二
標葉靖子・江間有沙・福山佑樹（二〇一七）「科学技術と社会への多角的視点を涵養するためのカードゲーム教材の開発」『科学教育研究』四一(二)、一六一–一六九
標葉隆馬（二〇一六）「政策的議論の経緯から見る科学コミュニケーションのこれまでとその課題」『コミュニケーション紀要』二七、一三–二九
田中久徳（二〇〇六）「科学技術リテラシーの向上をめぐって——公共政策の社会的合意形成の観点から」『レファレンス』三、五七–八三
田中幹人（二〇一三）「科学技術をめぐるコミュニケーションの位相と議論」中村征樹［編］『ポスト三・一一の科学と政治』ナカニシヤ出版、一二三–一七五頁
丹沢哲郎（二〇〇六）「アメリカにおける科学的リテラシー論の過去と現在」長崎栄三［研究代表者］『科学技術リテラシー構築のための調査研究——科学技術リテラシーに関する基礎文献・先行研究に関する調査』国立教育政策研究所、一三三–一四一頁
長崎栄三［研究代表者］（二〇〇七）『科学技術リテラシー構築のための調査研究——科学技術リテラシーに関する基礎文献・先行研究に関する調査 報告書Ⅰ——我が国における科学技術リテラシー研究の分析』国立教育政策研究所〈http://hdl.handle.net/10297/6306（最終閲覧日：二〇一八年五月二四日）〉
長崎栄三・齊藤萌木・阿部好貴（二〇〇八）「科学的リテラシーに関する年表」『科学教育研究』三二(四)、三四〇–三四八
中島貴子（二〇〇二）「論争する科学」金森　修・中島秀人［編］『科学論の現在』勁草書房、一八三–二〇一頁
長沼祥太郎（二〇一五）「理科離れの動向に関する一考察——実態および原因に焦点を当てて」『科学教育研究』三九(二)、一一四–一二三

日本科学技術振興財団・科学技術館（二〇一一）『理科を教える小学校教員に向けた科学技術リテラシーのテキスト・情報の編集に係る調査報告書』〈http://www2.jsf.or.jp/00_info/pdf/h22_tyousa.pdf（最終閲覧日：二〇一九年一月一八日）〉
原　塑（二〇一五）「トランス・サイエンス概念と科学技術的意思決定への市民参加」座小田豊［編］『自然観の変遷と人間の運命』東北大学出版会、一七一－一八九頁
原　塑（二〇一六）「科学・技術リテラシー――民主主義と国際競争力の基盤となる能力」楠見　孝・道田泰司［編］『批判的思考――二一世紀を生き抜くリテラシーの基盤』新曜社、一九二－一九七頁
藤垣裕子（一九九六）「学際研究遂行の障害と知識の統合――異分野コミュニケーション障害を中心として」『研究 技術計画』一〇（一－二）、七三－八三
藤垣裕子（二〇〇三）『専門知と公共性――科学技術社会論の構築へ向けて』東京大学出版会
藤垣裕子・廣野喜幸（二〇〇八）「日本における科学コミュニケーションの歴史」藤垣裕子・廣野喜幸［編］『科学コミュニケーション論』東京大学出版会、三九－六一頁
松下佳代（二〇一四）「トランス・サイエンスの時代の科学的リテラシー」鈴木真理子・都築章子・鳩野逸生・松下佳代・楠見　孝［編］『科学リテラシーを育むサイエンス・コミュニケーション――学校と社会をつなぐ教育のデザイン』北大路書房、一五六－一六二頁
文部科学省（二〇〇四）「平成一六年版 科学技術白書――これからの科学技術と社会」〈http://www.mext.go.jp/b_menu/hakusho/html/hpaa200401/index.htm（最終閲覧日：二〇一八年六月四日）〉
文部科学省（二〇一一）『平成二三年版 科学技術白書――社会とともに創り進める科学技術』〈http://www.mext.go.jp/b_menu/hakusho/html/hpaa201101/1302926.htm（最終閲覧日：二〇一八年六月四日）〉
ポーター・T・M／藤垣裕子［訳］（二〇一三）『数値と客観性――科学と社会における信頼の獲得』みすず書房
山口佳和（二〇〇八）「科学技術白書の分析に基づく産学連携関連施策の変遷」『産学連携学』四、五四－六五

笠　潤平（二〇一七）「理科教育における不定性の取り扱いの可能性」本堂　毅・平田光二・尾内隆之・中島貴子［編］『科学の不定性と社会——現代の科学リテラシー』信山社、一一三一一三五頁

渡辺政隆（二〇〇八）「科学技術理解増進からサイエンスコミュニケーションへの流れ」『科学技術社会論研究』五、一〇一二一

Aikenhead, G. S.（1992）. The integration of STS into science education. *Theory into Practice, 31*(1), 27–35.

Allum, N., Sturgis, P., Tabourazi, D., & Brunton-Smith, I.（2008）. Science knowledge and attitudes across cultures: A meta-analysis. *Public Understanding of Science, 17,* 35–54.

Bauer, M.,. & Gaskell, G.（Eds.）（2002）. *Biotechnology: The making of a global controversy*. Cambridge: Cambridge University Press.

Bollen, J., Van de Sompel, H., Hagberg, A., Bettencourt, L., Chute, R., Rodriguez, M. A., & Balakireva, L.（2009）. Clickstream data yields high-resolution maps of science. *PLoS One, 4*(3), 4803.

Bucchi, M.（2008）. Of deficits, deviations and dialogues: Theories of public communication of science. In M. Bucchi, B. Trench（eds.）, *Handbook of public communication of science and technology*, London: Routledge, pp.57–76.

Collins, H.（2014）. *Are we all scientific experts now?*. Cambridge: Polity（コリンズ・H／鈴木俊洋［訳］（二〇一七）『我々みんなが科学の専門家なのか？』法政大学出版局）

Collins, H., & Evans, R.（2007）. *Rethinking expertise*. Chicago: The University of Chicago Press.

Drummond, C., & Fischhoff, B.（2017）. Individuals with greater science literacy and education have more polarized beliefs on controversial science topics. *Proceedings of the National Academy of Sciences of the United States of America, 114*, 9587–9592.

Fernbach, P.M., Light, N., Scott, S. E., Inbar, Y., & Rozin, P.（2019）. Extreme opponents of genetically modified foods know the least but think they know the most, *Nature Human Behaviour, in press*. 〈https://doi.org/10.1038/s41562-018-0520-3（最終閲覧日：二〇一九年一月一八日）〉

Gaskell, G., Stares, S., Allansdottir, A., Allum, N., Corchero, C., Fischler, C., Hampel, J., Jackson, J., Kronberger, N., Mejlgaard, N., Revuelta, G., Schreiner, C., Helge Torgersen, H., & Wagner. W. (2006). *Europeans and biotechnology in 2005: Patterns and Trends. Eurobarometer* 64. 3. European Commission.

House of Lords (2000). Science and society.

Ishihara-Shineha, S. (2017). Persistence of the deficit model in Japan's science communication: Analysis of white papers on science and technology. *East Asian Science, Technology and Society, 11*(3): 305–329.

Mielby, H., Sandøe, P., & Lassen, J., (2013) The role of scientific knowledge in shaping public attitudes to GM technologies. *Public Understanding of Science, 22*, 155–168.

Jasanoff, S. (1990). *The fifth branch: Science advisers as policymakers.* Cambridge, MA: Harvard University Press.

Kruger, J., & Dunning, D. (1999). Unskilled and unaware of it: How difficulties in recognizing one's own incompetence lead to inflated self-assessments. *Journal of Personality and Social Psychology. 77*, 1121–1134.

Mielby, H., Sandøe, P., & Lassen, J., (2013). The role of scientific knowledge in shaping public attitudes to GM technologies. *Public Understanding of Science, 22*, 155–168.

PABE (2001). Public perceptions of agricultural biotechnologies in Europe. 〈http://csec.lancs.ac.uk/archive/pabe/docs/pabe_finalreport.pdf（最終閲覧日：二〇一八年六月四日）〉

Ravez, J. R. (1999). What is post-normal science. *Futures, 31*, 647–653.

Royal Society (1985). The public understanding of science. 〈https://royalsociety.org/~/media/Royal_Society_Content/policy/publications/1985/10700.pdf（最終閲覧日：二〇一六年三月一五日）〉

Shamos, M. (1995). *The myth of scientific literacy.* New Brunswick, NJ: Rutgers University Press.

Simis, M. J., Madden, H., Cacciatore, M. A., & Yeo, S. K. (2016). The lure of rationality: Why does the deficit model persist in science communication?, *Public Understanding of Science, 25*(4), 400–414.

Sturgis, P. J., & Allum, N. C. (2004). Science in society: Re-evaluating the deficit model of public attitudes. *Public Understanding of Science, 13*(1), 55–74.

Trench, B. (2008). Towards an analytical framework of science communication models. In D. Cheng, M. Claessens, N. R. J. Gascoigne, J. Metcalf, B. Schiele, & S. Shi (eds.), *Communicating science in social contexts: New models, new practices*, Dordrecht, Netherlands: Springer, pp.119–135.

Van der Auweraert, A. (2005). The science communication escalator. In N. Steinhaus (ed.), *Advancing science and society interactions* (Conference proceedings, living knowledge conference Seville, Spain, 3–5 February), Bonn: Issnet, pp.237–241.

Weinberg, A. M. (1972). Science and trans-science. *Minerva, 10*(2), 209–222.

Wynne, B. (1991). Knowledge in context. *Science, Technology & Human Values, 16*(1), 111–121.

Wynne, B. (2006). Public engagement as a means of restoring public trust in science: Hitting the notes, but missing the music? *Community Genetics, 9*(3), 211–220.

Zeidler, D. L. (2014). Socioscientific issues as a curriculum emphasis: theory, research and practice. In N. G. Lederman, & S. K. Abell (Eds.), *Handbook of research on science education, Volume II,* New York: Routledge, pp.697–726.

Zeidler, D. L., Sadler, T. D., Simmons, M. L., & Howes, E. V. (2005). Beyond STS: A research-based framework for socioscientific issues education. *Science Education, 89*(3), 357–377.

5章

狭い音楽観からの解放

小島美子
塚原康子

小島美子《こじまとみこ》

1929年福島県生まれ。東京大学文学部国史学科、東京芸術大学音楽学部楽理科卒業、東京芸術大学専攻科修了。現在、国立歴史民俗博物館名誉教授。日本民俗音楽学会顧問、文化功労者選考審査会委員、文化財保護審議会委員など歴任。専攻は音楽学、日本音楽史、民俗音楽学。

卒業論文で日本の洋楽受容史を扱った関係から、生前の山田耕筰にインタビューをするなど、近年隆盛の近代日本音楽史研究における先駆的研究を行った。卒業論文、専攻科修了論文は近代日本の歌曲史をテーマにしたが、これらの流れが明らかになるにつれ、今後の日本の音楽の方向を見定めるためには、伝統音楽を知ることが必要であると気がつく。その結果、伝統音楽を研究の中心に据え、全階層を視野に入れた、音の聞こえる音楽史を目指して研究を続けている。教養教育としての音楽については、早稲田大学第一文学部で30年にわたる講義「音楽」（1968年～1999年）と、NHK人間大学『音楽からみた日本人』（1994年放映、同名書を日本放送出版協会より1997年刊）の講義で実践した。現在、「日本列島の音楽史」を主題とした著作の完成を目指して鋭意執筆中である。

著書に、『日本童謡音楽史』（第一書房、2004年）、『日本音楽の古層』（春秋社、1982年）、『歌をなくした日本人』（音楽之友社、1981年）、『日本の音楽を考える』（音楽之友社、1976年）、『日本の伝統芸能講座――音楽』（監修、淡交社、2008年）、ほか。

塚原康子《つかはらやすこ》

1957年北海道生まれ。東京芸術大学大学院音楽研究科博士課程修了。学術博士。現在、東京芸術大学音楽学部楽理科教授、東京芸術大学音楽学部附属高等学校長兼務（2011年～）。専攻は音楽学、日本音楽史。

著書に、『明治国家と雅楽――伝統の近代化／国楽の創成』（有志舎、2009年、田辺尚雄賞受賞（2010年））、『十九世紀の日本における西洋音楽の受容』（多賀出版、1993年、京都音楽賞（1993年）、田辺尚雄賞（1994年）受賞）、『決定版――はじめての音楽史――古代ギリシアの音楽から日本の現代音楽まで』（共著、音楽之友社、2017年）、『日本の伝統芸能講座――音楽』（共著、淡交社、2008年）、『ブラスバンドの社会史――軍楽隊から歌伴へ』（共著、青弓社、2001年）、ほか。

1　いまの日本の古い常識――音楽＝クラシック

みなさん、こんにちは。小島美子です。塚原さんと東谷さんから、私がこれからお話しするような問題をどうして勉強するようになったのか話してほしいということでしたので、その一つの例として、私の生い立ちの話から聞いていただきたいと思います。

まず、「いまの日本の古い常識」だと感じているのですが、いまだに「音楽＝クラシック」と思っている方も、まともにそう言う人は少なくなっていても、内心そう思っている人は結構たくさんいらっしゃる。それもですね、わりと知識層の方といったらいいのかな、文化人の方とかに意外といらっしゃるんですね。いまの日本では、日本の音楽だけでも、雅楽に能と、いろいろな音楽を聴くことができますよね。昔はそう聴けなかった雅楽も聴けるし、能でも、お箏の音楽でも、三味線の音楽でも、それから、いろいろな民謡や民俗系の音楽でも聴くことができます。まあ、本物の民謡はほとんど聴けなくなっていますけれど。

若い方とお話していると、外国から入ってきたポピュラー音楽のことを洋楽と言うのですね。日本の演歌、日本人がつくったいわゆる歌謡曲は、邦楽と言う。レコード会社がそのようにいい始めたのですが、それが若い方たちに伝わって、どうやら洋楽というと、外国のポピュラー音楽というふうな感じでとられてしまうので、私は「洋楽」（＝西洋古典芸術音楽）をあえてクラシックと言います。クラシックという言葉自体を使うのは、本当はおかしいとは思いますけれども、一般的に使われているのでそうしました。要するにクラシックというのは、ヨーロッパの近代に発達した芸術的な音楽ということですよね。

でも、いちいちそう言うのは大変なのでクラシックと言っていますが、そういうクラシックから民族音楽まで、世界中のかなりのものを東京あたりでは聴くことができますね。ロンドンから帰ってきた私の友人も、ロンドンより東京のほうがずっといろいろなものを聴けると言っていました。インドの音楽でもタイの音楽でも、何でもあちこちでやっています。

2　明治以来、最近まで改められなかった音楽教育

ですから、本当はいろいろな音楽が聴けるのに、なぜかクラシックだけが正統な音楽であるというふうに考えている人たちが、まだ少しいるようです。ある学校で音楽の先生をしている友人が言っていましたが、音楽教室にベートーヴェンとかハイドンとか、そういう肖像画をどこでも飾っていますよね。飾らなかったら、「どうしてここではそういうのを飾らないんだ」と校長先生から叱られたそうです。八橋検校[1]を掛けたら、「なんだこれは」というふうに言われただろうと思うのですが、まだ世代によっては、そういう方もいらっしゃるということなのでしょうね。

そういう考え方を植えつけたのは、結局、明治以後の音楽教育であるということは、みなさんよくご存知だと思います。この十数年ぐらい、ようやく少しずつ中学校・高等学校の音楽から変わってきて、そして小学校のほうもいくらか変わってきていますけれども、やっぱり主体はクラシックで、少しは日本の音楽も民族音楽もやりますよと、そういう感じですよね。ですから、まだ本当の意味では、われわ

れ日本人にとって一番自然な音楽は何かというところからは出発していないと私は考えています。

3　明治以前にはすべての音楽をまとめた「音楽」という概念はなかった

実は明治以前には、すべての音楽を含む「音楽」という言葉はありませんでした。「ミュージック」とか「ムジーク」とか、そういうものの訳語として「音楽」というのを使うようになったのですが、「音楽」という言葉自体は、奈良時代からありました。吉川英史先生のご本（吉川 一九八四）に詳しく書いてあるので、興味のある方はそれをご覧になるとよろしいかと思います。『万葉集』にもちょっと出てくるし、正史という形で出てきた『続日本紀』のなかでは、外国から入ってきた器楽、楽器の音楽ですね、それだけを「音楽」というふうにいっています。

日本人の音楽は歌が中心で、大切なものだったのです。いまの雅楽がもともと中国やその周辺、あるいは朝鮮半島、そういった外国から入ってきた音楽や芸能が基礎になってできたということは、みなさんよくご存知だと思います。ですが、実は歌は入れていないんですよね。では中国人は歌わなかったのかというと、そんなことはなくて、中国でも朝鮮でも、もちろん歌は歌われていました。けれども日本人は、歌は受け入れていない。ちゃんとそこで選択して、楽器だけを受け入れているのです。ですか

［1］八橋検校（やつはしけんぎょう、一六一四–一六八五）：八橋流箏曲流祖であり、近世箏曲の祖といわれる。

ら、楽器の音楽を「音楽」というふうにいっていたんですね。その「音楽」という言葉を、明治以後の、music の訳語として使うようになった。器楽中心に考えられていたこともありますから、まあ訳語としてはよかったのだと思います。だけれど、「音楽」という統一された、全体をまとめたような概念そのものがなかったことが問題だと考えてよいと思います。

4　私の音楽観の生いたち話

私がいま、専門にしているというか、一番勉強しているのは日本音楽史、歴史なんですけれども、そうなったいきさつを話せと東谷さんが言うので（笑）、お話しします。私は一九二九（昭和四）年生まれで、福島県福島市の生まれ育ちです。そういう田舎では、三味線の音などを聴くチャンスはほとんどありませんでしたし、お箏は近所に先生がいたのでときどき聞こえてはいましたけれど、いわゆる邦楽というのは全然聞こえてきませんでした。そして、私の父親が医者なものですから、比較的恵まれていたというべきでしょうね。小学校、いわゆる旧制女学校の頃からピアノを習っておりまして、音楽会でピアノを弾くこともありました。その頃は完全に、「音楽＝クラシック」だと思っていました。それ以外のものはまったく目に入りませんでした。でも戦争中ですから、そういうクラシックを聴くチャンスは本当にないんですよね。いまのようにテレビはありませんから、ラジオが何かを聴ける唯一の手段でした。あとは、レコードですね。ラジオでは戦争末期になると、和田肇[2]という人が割とポピュラーな曲を弾いて……ああ、頷いていらっしゃる方がいる。ご存知なんですね（笑）。その程度のもので、朝の七時台にクラシックを流す番組があって、それを全部聴くと女学校に遅れるものですから、途中まで聴いて、走って学校に行った覚えがあります。それぐらいの環境でした。

戦後、ちょうど終戦の年から、私は（いまで言いますと高校生に大学の教養教育を行うような教育機関にあたりますが）旧制の日本女子大学校（以下、日本女子大）に入りました。それから東京大学（以下、東大）に入った頃にかけては占領下でしたから、日本の文化について、ものすごく、何ていうんでしょうね、もう悲観的な考え方が強かった。たとえば、俳句なんかは「第二芸術」であると言い出した評論家がいまして、[3]それに対して議論があったという、いまでは考えられないような時代です。非常に血気盛んな二〇代でしたから、日本文化についていろいろなことを考えなければいけないと思っていました。

そこで、日本の音楽のことを調べたいけれども、さっきお話したように、私はお箏も三味線も、そういったいわゆる邦楽というものを全然知らない。雅楽も能も知らない。そっちが勉強できないから、では近代になって洋楽が入ってきてからどうなったんだろうということを調べてみようと思いました。その時代になると、一応楽譜もいろいろありますから、楽譜から作品分析などをしていました。

音楽史といっても、どこで演奏会をやって、どういう人が出たとか、そういうことばかり書いてある

［2］和田肇（わだ はじめ、一九〇八―一九八七）：ジャズ・ピアニスト。映画館の楽士やジャズ・バンドのピアニストとして活動。また、自らの編曲で民謡から近世邦楽、童謡、軍歌まで多様な楽曲を演奏し録音を残した。

［3］一九四六年にフランス文学者の桑原武夫が、現代俳句は趣味的な余技であり、あえて芸術と称するなら「第二芸術」として区別すべきだと批判したことで巻き起こった論争を指す。

ものもありますが、やっぱり大事なのは作品だと思うんですね。ですから、作品分析を勉強しました。

東大を出てからこういうことをやろうと思ったものですから、テクニカルなことを知らないといけないと思って、東京芸術大学（以下、芸大）に入り直しました。芸大の楽理科という――「音楽の屁理屈を言う科」というふうに、私は呼んでいるんですけれども（笑）――その楽理科に入りまして、「滝廉太郎[4]から橋本國彦[5]までの歌曲」という卒業論文を書きました。

その頃はまだ、山田耕筰[6]だとか、信時潔[7]だとか、そういう作曲家たちが生きていたんですね。ですから直接、いろいろなお話をうかがうことができました。山田耕筰には三回か四回お会いして、二時間以上かけて聞きたいことはだいたい聞いたと満足しているんですが、彼は相撲が好きで、相撲が始まったらテレビを見始めたんで、残念ながらそこで終わりにした覚えがあります。でも、山田耕筰は非常に面白い人で、「信時潔の代表作って何ですか」と聞いたら、「うーん、ないね」って（笑）、言い切られてしまいまして、それ以上聞くことはできませんでした。「本居長世[8]はどうですか」と言ったら、「ああ、彼はいろいろ邦楽を勉強したからいいんだけど、あいつは首までそれにつかっちゃったから駄目なんだ」というふうな言い方をしたのね。

それから、藤井清水[9]という人は、広島出身の作曲家ですが、義太夫《ぎだゆう》の太棹三味線を上手に弾く人で、ＮＨＫの『日本民謡大観』のための採譜もたくさん手がけています。実に日本的な音を自分で探り出して、日本の音階の音を組み合わせた自分なりのハーモニーをつくって、作品を書いた人だったんです。山田耕筰がヨーロッパから帰ってきて、「ああ、自分が盛んに探していたものを、この人はちゃんと自分でやっている」と非常に感心したんですね。地味な作品だったのであまり知られていないのですが、非常に優秀な人だったと私は思っています。

山田耕筰はバタ臭いというか、たとえば《からたちの花》（作詞：北原白秋）とか《この道》（作詞：北原白秋）とか、ああいう作品ばかり知られているので、一般的にはそういう人間だと思われていると思います。しかし、本人は日本語をどういうふうにメロディに乗せるかということを考えたり、日本の三味線音楽なども密かに結構勉強したりしていたようで、実際にそういうものを作品にずいぶん使っています。

一つの例として、山田耕筰が一番熟していた時期にあたる一九二二年につくった「AIYAN の歌」という五曲連続の歌曲から、一曲目の《NOSKAI》を聴いていただきます。作詞は北原白秋です。

［4］滝廉太郎（たき れんたろう、一八七九–一九〇三）：作曲家。日本人としては最初期に西洋音楽の様式で創作を始め、《荒城の月》などの歌曲や唱歌で知られる。

［5］橋本國彦（はしもと くにひこ、一九〇四–一九四九）：作曲家。散文詩や自由詩を特徴とする現代歌曲や交響曲の作曲を手がけ、ヴァイオリン奏者・指揮者としても活動した。

［6］山田耕筰（やまだ こうさく、一八八六–一九六五）：作曲家。日本語の語感を重視した多くの童謡・歌曲やオペラ《黒船》の作曲で知られ、オーケストラの指揮者としても活躍した。

［7］信時潔（のぶとき きよし、一八八七–一九六五）：作曲家。《海ゆかば》や交声曲《海道東征》のほか、全国の多数の校歌の作曲で知られる。

［8］本居長世（もとおり ながよ、一八八五–一九四五）：作曲家。《赤い靴》などの童謡で知られるが、一九二〇年代には箏曲家の宮城道雄とともに、邦楽に西洋音楽の要素を取り入れようとする「新日本音楽」と呼ばれる作曲活動を展開した。

［9］藤井清水（ふじい きよみ、一八八九–一九四四）：作曲家。民謡の採譜・研究にも尽力し、日本の伝統音楽を基礎においた作品を多く作曲した。歌曲《河原柳》などがある。

〈♫《NOSKAI》をかける♫〉

このソプラノは関定子さんで、ピアノ伴奏は塚田佳男さんです。[10]お聴きになって、ずいぶん日本的な音だとおわかりだと思うんですね。三味線やお箏の音楽はだいたい、ミファラシドミというふうな、半音を含んだ音階（都節音階[11]）で、たとえばミファという半音で隣り合う音を一緒に弾く箇所がたくさんあったと思うんですけど、なかなか綺麗な曲だと思います。

そういうわけで、藤井清水の作品などをみていると、どうやら、ヨーロッパから入ってきた音楽をいくら調べても、結局日本の音楽のことはわからないだろうと。そうするとやっぱり、日本の伝統音楽を知らないと駄目なんだということが、だんだんわかってきたんですね。それからクラシックはあまり聴かなくなって、伝統音楽に完全に軸を移しちゃったの。そのようなわけで、伝統音楽のほうが、私の勉強の中心になったんですね。

邦楽について勉強を始めるわけですけれども、一方では、やっぱり民謡とか民俗芸能みたいなものにも関心をもたなくてはいけないというのは、ずっと考えていました。その頃には、いわゆる「三曲」といわれているお箏とか三味線とか尺八の方たちが、邦楽で現代を表現したいという気持ちを、鬱々と胸のなかにもっていたんですね。一方、洋楽系の作曲家たちも、当時、偶然性の音楽とかね[12]、いままでのクラシックの常識の基本になっていたようなものを壊すスタイルが出てきましたので、もっと日本のことを考えようなんて思っていた。たとえば、バルトークの影響を受けたりとか。[13]

ちょうどこの二つの要求があって、いわゆる現代邦楽というものが生まれてきたんですね。そういう演奏会には必ず行っていたんですけれども、そうすると私も非常に感動するわけなんですね。私とだいたい同じ世代の人たち、みんな激動する時代をずっと生きてきたわけですよね。

　私は本当に、小学校で完全に軍国少女に育てられましたね。ですから、日米開戦のときには面白いなと言ってしまったぐらい、まったくの愛国少女だった。それから、いままで教わってきたことが全部間違っていたということが、敗戦になってだんだんわかってきますよね。そうすると、考え方もどんどん変わってくるし、貧困の状態もありましたよね。社会的にも政治的にもいろいろな問題があって、そのなかで生きてきた。それで、表現したいものがずっと溜まっていた。それが、ようやくその頃からはき出されてきた。十二音音楽[14]なんていうのをやっていた人たちもいますけれど、そういうものよりもっと直接的に言いたいという欲求が強かったと思います。

　芸大では学内演奏会というものがありまして、そこで、伊藤松博さん、のちに松超《しょうちょう》さんという名前になった[15]のですが、その方が、中能島欣一[16]さんの《三つの断章》というお箏のソロの曲を演奏なさったん

[10] CD『ソプラノによる山田耕筰歌曲集第一集――たゝえよ、しらべよ、歌ひつれよ』（TRK-101/2、恵雅堂出版、一九九三年）所収。
[11] 都節音階は近世邦楽で多用される五音音階で、ド・レ（♭）・ファ・ソ・ラ（♭）の五音からなる。
[12] 一九五〇年代から一九六〇年代にかけて特に注目されていた、演奏の際に偶然に発生したり演奏者が自由に選択したりする要素が意図的に備えられている作品。アメリカの作曲家ジョン・ケージに代表される。
[13] ハンガリーの作曲家バルトーク・ベーラ（一八八一－一九四五）は、東欧の民謡の採集・分類に傾倒し、民俗音楽研究の分野でも功績を残した。民俗音楽の特徴的要素を分析し素材とする作風は、のちの作曲家に大いに影響を及ぼしている。
[14] 平均律で一オクターヴ内にある十二の音すべてを均等に用いる作曲技法。明確な調性をもたない音楽を体系的に組織化する方法として、一九二〇年代にアルノルト・シェーンベルクが導入した。

です。これは実は、一九四二（昭和一七）年の戦争中の作品ですが、なかなか現代的で、私は、現代邦楽の先駆と考えています。その最初の部分だけ、少し聴いていただきましょう。

〈♫《三つの断章》をかける♫〉

お箏って、箏柱《ことじ》という洗濯ばさみみたいなもので、絃《げん》を支えますよね。それで音の高さを決めていくわけですけれども、弾くのは、演奏者からみて箏柱の右側ですよね。ところが、この曲の第三章では、箏柱の反対側のほうを弾いて面白い音を使ったりしました。古典の世界からいうと、ずいぶん現代的な感じがする。お箏は現代を表現できるんだということを、私が本当にしみじみ実感したのがこの曲でした。

それ以後、私も一緒に現代邦楽をやってきたような感じさえしています。その頃ちょうど、小泉文夫[17]さんがインドから帰ってみえまして、芸大の講師になられた。小泉さんの『日本伝統音楽の研究』[18]（小泉一九五八）という音階論、これをずいぶん丁寧に、何回も読み返したんですけれども、ほかにも小泉さんから非常に大きな影響を受けました。民族音楽学というのは、ヨーロッパでは発展していたわけですが、日本では野村良雄さんとか岸辺成雄さんとかが紹介はしておられたけれども、民族音楽学としてちゃんと確立したのは小泉さんだったと思います。

その小泉さんが行った東京のわらべ歌の調査に、まずゼミ生全員を参加させたんですね。東京都内、二三区内で、一〇〇校ですよ。一〇〇の学校を手分けして、わらべ歌の調査に行きました。一つの学校で一〇〇曲くらい録音できたこともあります。いまでもまだ、わらべ歌は歌われているんですよね。子どもたちと一緒に遊べば、いろいろ出てきます。調査に行くことによって、芸術的な音楽をやっている人ではない、たとえば農民であったり、漁民であったり、そういう一般の人たちの歌に触れる機会が、非常にたくさんありました。それは、私にとっては、日本音楽史をやるうえでは、非常に重要なことだったんですね。

小泉さんの一番大きな功績は、世界の民族音楽を次々に紹介されたということだと思うんですね。それによって、ずいぶん多くの人たちが、いろいろな民族の音楽に対する偏見をなくして、非常に興味をもつようになった。大きな功績だったと思います。小泉さんとは割と親しく、いろいろ教えていただいたり、仲間だったりしたのですが、その小泉さんによって、ちょうどその頃に日本で民族音楽学が発展してきたというのは、とても大きいことだったと思います。

その頃から私は、日本の音楽史を将来的には勉強しようと考えていました。雅楽とか能とか、それぞれの分野の研究者はいましたし、研究の歴史もあります。だけど、日本人といっても北海道から沖縄ま

[15] 伊藤松博（いとう まつひろ、一九三五-二〇〇五）：山田流箏曲家。一九七七年に二代目伊藤松超を襲名、伊藤派家元を継いだ。邦楽器のための作曲にも携わっている。
[16] 中能島欣一（なかのしま きんいち、一九〇四-一九八四）：山田流箏曲家。三味線奏者・作曲家としても活躍した。
[17] 小泉文夫（こいずみ ふみお、一九二七-一九八三）：民族音楽学者。三〇余もの国々でフィールドワークを行い、国内では特に民謡やわらべ歌の採集・調査で功績を残した。日本音楽の構造や音階、リズムについて分析する方法論を確立した一方、ラジオやテレビを通じて一般に向けて多様な民族の音楽を紹介することに尽力した。
[18] 二〇〇九年に『合本 日本伝統音楽の研究』として音楽之友社より復刊。

でさまざまな人がいるし、調査でいろいろ教えていただいた農民とか漁民とか山村民の方たちもいらっしゃる。そういう方たちの音楽を考えずに、上層のものだけを考えてしまっていいのかなということを、ずっと考えていました。ですから日本の音楽史を研究するにあたって、私がいま重要だと思っているのは、日本列島全体、北海道から沖縄まで、ちゃんと視野に入れること。それから、一般の民衆も含めて、どういうふうに音楽が変わってきたのかということを知らなくてはいけないと考えています。

一番困難な問題は、音楽の歴史なのだから、音が聞こえるような音楽史でないといけないだろうと。これは難しいですよね。音というのは、すぐ消えちゃうわけですから（笑）。消えてしまった音をどうやって追究するのか、これはちょっと大変なことなので、否定的に考えると音楽史など成り立たないよといいたくなりますね。ですが、何とかしてそれらしきものを調べていかないと、日本の音楽史の研究はできないということになってしまいますから。日本の周辺の音楽も、日本といろいろな文化的交流があった所の音楽も含めて。それから、日本のなかは平野ばかりではなくて、山や離島もありますし、いろいろな古いものが残っている。

幸いなことに、私が調べ始めた時代は、まだそういうものがたくさん残っていました。ですから、沖縄でも、奄美でも、いろいろなことを教わりました。本土に帰ってきて、私が一番直接的にたくさんのことを教えていただいたのは、宮崎県の椎葉村《しいばそん》[19]だったんですね。そこでは、いま思っていることを歌う。これが本当の歌だ、ということを、つくづく思い知らされました。学校でやっているように、できあがった歌をただ上手に歌う、こんな教育は嘘だと。最初は南島だからああいうことができるんだと思ったんですけれど、そうじゃなかったんですよね。実は本土のほうでも、本来はそういうものだった。

それから、青森県の下北半島とか、岩手県の「大償神楽《おおつぐないかぐら》」[20]の方とか……下北にはずいぶん調査でうかがって、長い間泊めていただき、いろいろと教えていただいた経験があるんです。そこでも、たとえば夕食のあとに歌いたくなると、太鼓の代わりにお膳のふちを叩くんです。それから銅鈸子《どうばつし》って、シンバルを小さくしたようなものがあるんですけど、それをやらないと下北の方たちの感覚ではリズム感が足りないらしいので、鉄瓶のふたとやかんのふたでもって、その代わりの音をつくったりして、自分たちの表現をするんですね。泊めていただいた家の方は踊りの名人だったんですけど、その息子さんも非常に踊りがうまい方でした。その方は、子どもを寝かしつけるのに、ギターを自分で弾かれていたんですが、ギターを普通に弾くと音が大きすぎるからといって、お箸でもって、そろそろそろというふうに弾いて子どもを寝かしつけていて、とても音楽的なんですね。

そういうことを私たちは実感しているので、何とかしてそこから学びとれるものはないか、本来の日本人の音楽ってどういうものだったのかというふうなことを、しきりに考えるようになりました。

それでもやはり、音が聞こえる音楽史というのは、言葉はやさしいですけれど本当に難しいことで、日夜悩んでいます。[21]たとえば、雅楽のなかで使われなくなった楽器は平安時代にリストラされちゃっているんですけれど、そうすると、それを演奏する人も楽器と一緒にリストラされることになりますよね。その楽器が庶民のなかに入っていって、いろいろな形で発展していくわけです。そういう動きは、雅

[19] 宮崎県椎葉村は、講演者（小島美子）の研究にとって、重要な研究対象地。
[20] 岩手県早池峰《はやちね》山麓の大償集落に伝わり、早池峰神社の祭礼などで奉納される舞や狂言で、重要無形民俗文化財に指定されている。
[21] 平安時代（九世紀）には、長期にわたり楽曲や楽器の大規模な整理・分類が進められ、日本の雅楽の基盤が確立された。

楽だけやっているとわからない。しかし全体をみていると、雅楽の楽器がいろいろな形で使われて、能の四拍子《しびょうし》[22]といわれる囃子《はやし》の打楽器類につながっている。そう考えると、日本音楽史もいくらかダイナミックにわかるようになるのではないかと、いまは思っています。

5　音楽をクラシックの基準で評価する考え方、感じ方を捨てる

いろいろな音楽を聴くときに、あるいは自分で演奏するときに、クラシックの基準で判断しない、評価しないようにすることが大切だと思います。クラシックだけが音楽だと思っていなくても、いつの間にかクラシックを標準に考えていて、日本の音楽にはハーモニーがないから駄目だとか、そのような評価をする人たちがいますよね。そうではなくて、私たち自身がもっと自然な感覚で音楽を考え、感じたほうがいいと思います。

まず、ハーモニーですが、実は日本の音楽にハーモニーの形がないということはないのです。たとえば地歌[23]だったら、三味線は基本的には歌のメロディを弾いて、音程は少しずらしたり、間《ま》はずいぶんずらしたりして演奏する。それをヘテロフォニー[24]と、私たちはいっています。ヘテロフォニーを「異音性」と訳している人がいますけれど、それは間違いで、本来は同じではあっても、それを少しずつずらして豊かにしていくようなハーモニーの形なのです。それはともかくとして、ヨーロッパ的なハーモニーも、ヨーロッパ人だけの独占物ではない。しかも、近代のものだけではない。

その例として、台湾にはいろいろな先住民族があるのですが、みんなそれぞれ違ったハーモニーの形をもっているのですよ。そのなかで一番ヨーロッパ音楽に近い形のハーモニーをもっているブヌン族の演奏をいまから聴いていただきます。実は首狩りというのは、昭和の初期ぐらいまで残っていたんですね。その首狩りから帰ってきたときの歌なのです。首狩りというと残酷と思うかもしれないけれども、小泉さんからよく「日本人だって、首狩り族の子孫だよ。歌舞伎なんか見てみろよ、首を取ってこい、首を取ってこいって言うじゃないか」と言われて、本当に私もそうだと思いました。首狩りというのは、それほど特別なものではなかった。首狩りに行くときは、みんなでこう、ワーッと歌って、声が合ったら気持ちが合っているということだから行く。だから、声がバラバラだったら行かないと、そういうふうになっているらしいんですよ。

〈♫ブヌン族の首狩りの歌をかける♫〉

この曲ではないのですが、ブヌン族の歌をある奥さま方の勉強会みたいなところでかけましたら、「本当にこれ、ブヌン族なんですか。教会音楽じゃないんですか」と質問されたことがありました（笑）。本当に素晴らしく、よくハーモニーしている。これだったらきっと、首狩りはうまくいったんでしょう

［22］能の囃子に用いる四種の楽器（笛・小鼓・大鼓・太鼓）を指す。
［23］江戸初期から主に上方で普及した三味線音楽。盲人音楽家による弾き歌いの音楽として発展し、のちに箏との合奏も盛んになった。
［24］ヘテロフォニーとは、複数のパートが旋律を少しずつずらしたり音やリズムを変えたりしながら演奏する形式を指す。

ね。女の人が帰ってきた男の人たちに「お帰りなさい」という感じで声をかけて、男の人たちがそれに応えて、それから合唱になっていくという感じだったんですね。
もう一つ、インドネシアのバリ島のガムラン音楽です。

〈♫バリ島のガムラン音楽をかける♫〉

金属の打楽器が中心ですよね。二つの打楽器、同じ種類の楽器でも、音程を微妙にずらしているのです。そのおかげで、全体としては綺麗な音が出る。そこまで、きちんと計算されている。洋楽をやっている方はご存知でしょうが、ピアノもドならドの音をつくる複数の弦を全部同じように調律しているわけではないですよね。少しずらしてある。そういう微妙なものをバリ島の人たちはちゃんと考えて調律をして、こういう演奏をしているんですね。だから、なかなか綺麗なハーモニーになっています。そういうわけで、ハーモニーの発展が文化の発展に比例するわけではないということが、わかっていただけたと思います。
今度は声についてですが、発声法もね、いまのブヌン族の人の声がとってもすばらしかったように、必ずしも、洋楽的な声だけがいい声とは限らないですよね。学校でも、ああいう声ばかり教えるんですよね。子どもたちは「(普段、喋っている声で) か〜ごめかごめ♪」みたいに話し声と同じように歌っていますよね。なぜそれを、「(声楽風の発声で) か〜ごめかごめ♪」と、こういう風に歌わせるんですかと、私はよく学校の先生たちに言うんです。するとみんなぞっとして、そういう教え方をやめますね (笑)。

だから、もっと自然に歌ってほしいんです。

自然な歌声の一つの例として、モンゴル国の「オルティンドー」の曲を、ちょっと聴いていただきます。裏声も出てきます。「オルティンドー」というのは、「長い歌」と訳されていますが、日本の追分と非常に似ているというので、それが追分の起源であるというふうに言い切る方もいますけれど、私はそれはちょっと無理だと思っています。馬に乗って駆け回っているような人たちの子孫が日本に入ってきたことは確かでしょうけど、それが起源と言い切るには、歴史的にそこまで証明できるはずがないので、私はそこまでは言いません。伴奏は、馬頭琴です。


〈♫「オルティンドー」をかける♫〉


すばらしい声ですよね。こういうふうに、地声でバーッと押していって、裏声が出てきたときのその効果がまたすごいですよね。オペラは、こんな声色の表現はできないですよね。ですから声の使い方というのも、ずいぶん考えないといけないと思います。

日本のなかでも奄美の人たちはそういう裏声を上手に使いますが、ずっと地声で歌っていって、高いところに飛んで、裏声にするのですね。それがとても効果的に使われています。だから私たちは、これから歌を歌うときに、どういう声が本当によいのか、もう一回考え直す必要があるのではないかと思っています。

声色について話しましたけれども、それはもう、楽器の音色の感覚でもありますね。音色の感覚が、非常に違います。たとえば、お箏でも三味線でも、あとに余韻として複雑な音が残ります。三味線は特に「さわり」[25]というのがあります。本来、たとえばドの音を鳴らしたときには、オクターヴの関係にあるドの音が聞こえるのですが、そのほかに五度上の音（ドに対してソの音）が混じって聞こえる。それからほかの音も聞こえるようになるのですが、五度というのは、すごく重要な感覚なのです。

みなさん、一度とか二度とかといわれると、すごく抵抗を感じられると思うのですが（笑）、音程を考えるときには、ドとドで一度、ドとレで二度というふうに数えます。そこのところを学校の先生がちゃんと教えないと、みなさん迷っちゃいますよね。要するにドレミファソ、ドとソの間だから五度ですよね。

ちゃんと調弦してあると、一番下の音を弾けば、その五度上の音が響くんですね。そういう複雑な音を、日本人は聞き分けています。

音に対する感覚というのは、ものすごく違います。虫の声でも、私たちは喜んで聞いているけれど、虫の音がうるさく聞こえる人たちもいらっしゃいますし。以前テレビで、すごく日本文化をわかっている外国人が、神社の砂利の音を「うるさいですね」と言われたので、ギョッとしました。そこにはずいぶん感覚の違いがありますね。

ピアノで使われているような、平均律だけの音階感覚は不自由なのですよ。私は芸大時代に副科でヴィオラを少し習っていました。弦楽器を調弦するときはラの音の弦をまず合わせて、それから隣り合う弦を五度の間隔になるように合わせていきます。ヴァイオリンはラの音の弦が二番目なので、ピアノの音程とそれほど差は出ないんですけれども、ヴィオラとかチェロはラの音の弦が一番目なので、五度、五度、五度、というふうに三回とります。でも、一番きれいだなと思える五度の間隔で調弦すると、ピアノのドの音と合わないんです。それで、合っているなと思える範囲で一番狭くとってみたら、ピアノの音と合ったんですね。それを、NHK交響楽団のヴィオラ副首席奏者で芸大の教授にもなられた浅妻[26]先生にお話しさせていただいたら、「それがわかったか」と言われました。それほど、平均律というのは、いろいろな誤差を調整してうまく聞こえるようにできているものです。ですから、そんなに厳密なものではない。

日本の場合は、半音といっても、人によって非常に狭くとる場合と、曲によって広げる、平均律的にとる場合とがあります。たとえば、お箏の奏者の初代米川文子さんの《六段》[27]を聴いていると、私は平均律を教わっちゃっているものだから、あの半音は「ウッ、ウンッ」とちょっと唸ってしまうくらい狭く感じました。

音響学者のなかには、半音の幅がいろいろだから日本の音楽は駄目だ、あるいは、統一すべきだという人がいるのですが、それは違いますよね。それだけ表現の範囲が広がっているのです。半音を広くとるか狭くとるか、それでずいぶん音楽の感じが変わります。平均律の教育だけをしていると、そういうことがわからなくなっちゃうんですよね。ですから、私たちはもっと自由でありたいと思います。

[25] 三味線は一番低い絃（一の糸）が上駒に乗っておらず棹と接触するため、楽音以外の音や、ほかの絃の共鳴音が振動によって同時に鳴る性質をもつ。これをさわりと呼ぶ。
[26] 浅妻文樹（あさづま ふみき、一九三一–一九八九）：ヴィオラ奏者。NHK交響楽団を経て、東京芸術大学教授。指揮者も務めた。
[27] 八橋検校が作曲したとされる箏曲《六段の調》のこと。

平均律だけじゃ駄目なんだということの例として、尺八の音楽を一つ聴いていただきます。中村明一さんのソロで、虚無僧《こむそう》尺八[28]の《鶴の巣籠》です。

〈♫《鶴の巣籠》をかける♫〉

こういう音色も、私たちにはわかる。竹林をわたる風の音というのが理想だといわれていますが、決してフルートの音のように、整理された音ではないですよね。その代わり、とてもいろいろな表現ができているということが、私たちには感じられます。いま、尺八は国際的にブームになっていまして、国際尺八フェスティバルが、一年おきですかね、アメリカから始まって、京都でやったこともありまして、今年、二〇一七年はヨーロッパで開かれると聞いています。そういうふうに世界中のあちこちでいろいろな人が集まって、尺八を演奏して楽しんでいます。

それから、いまの曲でもう一つ考えていただきたいのはリズムです。これ、何拍子なんていえませんよね。さっきのモンゴルの歌もそうでしたし、それから、日本の追分もそうですけれども、こういうふうに、拍がないリズムを「自由リズム」とも一般的にはいいますが、要するに一拍二拍なんていうふうに数えられないリズムも、世の中にはたくさんあります。そして、それなりに美しさがある。日本人は、拍がなくて自由に歌えるということが、とても好きだと思います。

拍という字は、本当は「打つ」という意味なので、拍は打つものなのです。だけど日本人の場合は、打つという感覚と、音の長さを表す「間《ま》」をちゃんと区別して考えている。たとえば、二つの「間《ま》」

の集まり、三つの「間《ま》」のまとまり、というふうに、何拍子とはいえないものがたくさんあります。実際に邦楽を演奏している方々に聞くと、「表間《おもてま》」と「裏間《うらま》」――「裏間から出てくる」とか――そういう言い方をなさる場合がありますが、何拍子という感覚は、ほとんどもっておられないですね。だから、よく日本の音楽は二拍子だという人もいますけれども、二拍子だと完全にはいえない。一つひとつの「間《ま》」が大切なのであって、それは場合によっては伸び縮みする。そういうリズムなんですね。いまの中村さんの《鶴の巣籠》などは、本当に、拍の概念がまったくない。だから駄目とはいえないですね。ヨーロッパの音楽の場合は、基本的に強弱という、強い拍と弱い拍の交代ですよね。それは、クラシック音楽ではたしかに基本ですけれども、世界中の音楽にあてはまるわけではありません。

ですから、クラシックが基準だ、正統な音楽だというのを外せば、私たちの感覚はすごく自由になるんですよ。われわれは本来、自然とともに、自然によって支えられて生きてきた、そういうことは音楽についてもいえます。もともと、自然から教えてもらったいろいろな感覚を育ててきたのが、いまの伝統音楽です。あまりクラシックの枠にとらわれずに、もっと自由に、自分たちはいったいどういう音楽を本当にやりたいのかということを考えたほうがいいと思います。それが、「狭い音楽観からの解放」ということでございます。

[28] 尺八のうち、江戸時代に普化宗の虚無僧によって吹奏されていた楽器。普化《ふけ》尺八ともいい、おもに尺八古典本曲を伝承した。

6 総合討論

東谷　後半は、総合討論になります。その前に、今回、小島先生にぜひともお話しいただきたいと思った経緯などを簡単に申し上げておきたいと思います。

実は、今日の会は、音楽の講演で小島先生にはお願いしていないのです。五回にわたって行われる公開講演シリーズ「いま、教養教育を問う」のなかで、人文科学のなかから、どの分野の先生をお招きしようかなと思ったときに、いま、小島先生のご講演を聞いていただいた方にはわかると思いますが、小島先生は幅広いバックボーンを背景に研究を進められてきたことと、専門外の学生や市民の方にも書籍や放送などを通じて、専門知を広めてこられた豊富な教育実績をおもちですので、今後の教養教育を考えていくうえでも先生に登壇していただきたいと思いました。

もう一つの理由は音楽学という学問を小島先生が専門にされていることにあります。人文科学のなかでも、音楽に関しては、おそらく、日本の大学教育のなかでは「遅れている」というふうに、音楽の研究をしている者としては思っています。いま申し上げた「遅れている」というのは、研究の内容やレベルではありません。日本の大学のなかで、音楽学という学問や、音楽に関わる科目の扱いについて、遅れていると考えております。わかりやすい例としては、一般大学で、音楽学を専門とする学科は極めて少なく、いや教養教育の科目でさえ、科目として置いてもらえない、そういう現状があります。

少しばかり考えてみてください。われわれの身近な生活のなかには、音楽はありふれていますし、趣味で演奏したり、コンサートに足を運んだり、そこまでしなくても、かつてならレコードを買ったり、最近ならばネットからダウンロードしたりなど、われわれはどこかで音楽と触れあっているのではないでしょうか。

そういうことも考えていただくヒントとして、また今後のみなさんの教育や研究に還元していただければと思って、みなさんに小島先生のお話を聴いていただく機会をつくった次第です。

さあ、お待たせしました。ここから塚原康子さんを討論者にお迎えし、総合討論に入っていきたいと思います。討論と申しましたが、実際には、小島先生に質問しながらお話をうかがっていくという形になるかと思います。

いま、小島先生にお話をうかがうという言い方をしたのは、塚原さんは、東京芸術大学楽理科時代に、卒業論文の指導を小島先生に受けております。塚原さんは、現在、東京芸術大学の教授ですけれども、芸大附属高校の校長先生でもあります。校長先生がみなさんにお話をするのではなく、校長先生が先生に教えていただいている、なかなか見ることのできない光景ではないかと思います（笑）。塚原さんも小島先生と同じく日本音楽史が専門ですが、特に、近代日本音楽史を専門に研究を進められております。では、時間がありませんので、さっそく、このへんで塚原さんにマイクをお渡ししたいと思います。よろしくお願いいたします。

小島　ちょっと付け足しますと、近代日本の音楽史は、私が卒業論文で扱ったときは、誰も評価してくれませんでした。「変なことをやる人ね。いまはバロック音楽とか、そういう研究が盛んなましたね。

塚原　のよ」といった感じでしたが、いつの間にか、近代日本音楽史をやる方が芸大の教授になられましたね。日本音楽学会でも、近代日本音楽史というのは、いまとても盛んですよね。

ご紹介にあずかりました塚原でございます。よろしくお願いいたします。最初に司会の東谷さんに言っていただいたように、私は卒業論文を小島先生にみていただきました。かつては、芸大でもそういう非常によい制度がありまして、いろいろな先生に論文を指導していただくことができました。私が卒論で扱ったのは、「幕末の鼓笛楽」というテーマで、いま、小島先生は、先生の当時は、近代のことは評価されなかったと言われましたけれども、私の当時でも「なんだろう、変なことやってるな」とすごく言われました。

小島　やっぱり（笑）。

塚原　今日は小島先生のお話を聞かせていただいて、何十年か前の学生時代のことをずいぶんと思い出して、ほとんど学生の気分になっておりますので、代表者として先生に質問を投げかけたいと思っております。

まず、先生のレジュメを最初に見ましたときに、「占領下で」という言葉があって、日本の文化に対して非常な危機感を抱いていらしたというお話がありました。当たり前のことではあるのですが、何かものすごく胸を突かれたというか、「ああ、そうだったんだ」という気がいたしました。伝統や引き継がれてきたものに対する懐疑であるとか、否定感とかというものは、やはりとても比べものにならないものだったのでしょうか。

小島　そうですね、やっぱりあのときはもう、日本文化は全部駄目なんだ、いいのはアメリカ文化だというふうな、そういう世の中の風潮でしたよね。ですから、われわれの文化を考えなきゃいけないということは、ある意味レジスタンスだったと私は思います。

塚原　戦後史などを勉強すると、そういうことは当然出てくるのですが、生の声で改めて聞かせていただいているような気持ちでおりました。

それから、先生がいろいろな分野のことを学んでいらっしゃることは、すごく大きいのではないかと思っております（表5-1）。

最初に国語学科を卒業されて、実は東大を卒業されたのち、国語の先生をされたご経験がおありなんです。まず国語学を学ばれて、その後、東大に入学し直されて、国史学科で、いわゆる日本史を勉強されたんですよね。

それからまた、音楽学というものを勉強されたということですが、いままでも日本の音楽史を構想する場合に、隣接分野というと、一つは一番近いところで国文学、それから日本史だと思います。もちろん、そのほかにも民俗学ですとか、さまざまな分野と関連性はあるのですが、いろいろなものの見方とか考え方というものが、先生のなかに流れ込んでいるのではないかなと思っています。なにかそれぞれのところで、すごく記憶にあるような、こういうことをここでは一番キャッチしたというようなことが、おありでしょうか。

表5-1　大学で学んだ3分野

1945-1948年	日本女子大学校国語学科（旧制）
1949-1954年	東京大学文学部国史学科（旧制）
1958-1964年	東京芸術大学楽理科＋専攻科

小島　うーん、日本女子大の寮だったんですけれど、あのね、同じ年齢の男の人たちというのは、旧制高校などにいましたし、それから、兵隊から戻ってきた人たちもいたんですけど、そういう男の人たちは、すごく解放感があったんですよ。だけど、日本女子大の寮というのは、そういう解放感が乏しくて、悪口を言うと悪いんですけど、あんまり好きじゃなかったです。なんかね、「お姉様」とか「＊＊子様」とか、「＊＊あそばせ」とか言うの。あんまり私には似合わないでしょ（笑）。ああいう気取った世界でお嬢さんを育てるというのがね、その当時もまだ抜けていなかったんですよ、日本女子大は。東京女子大は違いますよ。だけど、日本女子大は本当に、お嬢さんを育てる所だったから。母があそこの中退なんですけど、一応関係していたものですから、それで行かされちゃったんですけど。

塚原　そうでしたか（笑）。その後、進まれた東大のほうはいかがでしたか。もちろん、男子学生もたくさんいたわけですよね。

小島　ああ、もちろんですね。でも、そっちのほうがずっと気分はよかったですね（笑）。ただ当時はそういう激しい時代だったので、文化運動をやったり、合唱運動をやったり、そういうことであまり研究室に行かず、勉強しませんでした。ですから古文書が読めないので、いまでもなるべく国史学科というのは隠しているのですけれど。ただ、その激動の時代を国史学科で過ごしたというのは、私の人生観とか世界観とか社会観とか、あるいは、音楽史に対する考え方、そういう意味では、とても役に立ったとは思っています。何か起きたときに、これから先どうなるのだろうということを、すぐ考えてしまう。いまの共謀罪法案というのをみても、私はやっぱり、「昔、治安維持法っていうのがあったよなぁ」というのをすぐ考えてしまって。治安維持法は、初めはすごくやわらかかったんだけど、昭和に入ってからだんだん厳しくなっていくんですよ。いまは、閣議決定というので、国会を経ないで大事なことを決めちゃうじゃないですか。でもその頃は、勅令、天皇の命令という形で、どんどん厳しくしていくんですよね。その経験があるので、ああいうニュースもドキドキしながら見ますね。そんな時代を生きてきたということですよね、私たちの世代は。

塚原　合唱をなさっていたというお話がありましたけど、その頃は、どんなものを歌っていらしたんですか。

小島　それこそロシア民謡とか、ドイツ民謡とか、最後にはね、第九の合唱を簡単にして歌ってました（笑）。歌詞の意味だとか、そういうものをちゃんと討論して。東大生ですから（笑）。

塚原　その頃にたしか、亡くなられた内田るり子先生[29]や、間宮芳生先生[30]とかと交流ができて、音楽のことにも非常に関心を深めていかれたという。

小島　そうですね。内田るり子さんとの交流は、何で始まったのか忘れちゃいましたけど、内田さんと間宮さんが、ＮＨＫの『日本民謡大観』（日本放送協会 一九四四–一九八〇）のもとになった民謡の録

[29] 内田るり子（うちだ るりこ、一九二〇–一九九二）：声楽家、民俗音楽研究者。
[30] 間宮芳生（まみや みちお、一九二九–）：作曲家。バルトークの影響を受け日本の民謡に目を向けたり、映画、テレビドラマの音楽に関わったりするなど幅広く創作活動をした。代表作に《合唱のためのコンポジション第1番》、《鳴神》、《オーケストラのための協奏曲》がある。

音を聴いて勉強していたんです。内田さんに誘われて、私も参加して。それで非常に古い音源の民謡を聴いていました。間宮さんの日本民謡の編曲がありますよね。あれはその材料によっています。

塚原　芸大に入ろうと思ったときに、楽理科か、あるいは作曲のほうも勉強してみたいと思ったとうかがったような気がするのですが。

小島　作曲科に行こうと思ったんですよ。それで間宮さんに相談したのです。そうしたら、間宮さんが、楽理科というのができているから、そのほうがいいんじゃないかと言われたので、それで楽理科にしたんです。

塚原　解説を加えますと、作曲科は、一九三一（昭和六）年に設置されました。楽理科はもっと遅く、戦後に東京音楽学校と東京美術学校が合併して、東京芸術大学になったときに設置された学科です。指揮科と楽理科がそのとき置かれました。だから、一九四九（昭和二四）年にできた学科です。

小島　山田耕筰の時代は、作曲科というのはもちろんなかったですよね。だから、彼は声楽科を出ていますよね。

塚原　そうですね。先ほどお話に出ましたけれども、楽理科にお入りになった頃に小泉先生が着任されて、民俗音楽ゼミナールが始まっ

表5-2　1950年代終盤から1960年代半ばにかけての研究交流など

1959年	・小泉文夫の民俗音楽ゼミナール始まる ・わらべうた研究（1960年）、沖縄音楽研究（1962年）などの共同研究に参加
1963–1965年	・九学会連合の「下北半島総合調査」に参加、他学会の研究者と学際的交流 ・1950–1960年代の現代音楽・現代邦楽を同時代体験

たり、東京都内のわらべ歌の調査や沖縄音楽調査などに行かれたりと、広がりをもつようになったとお聞きしています（表5-2）。

それと、九学会連合のことをちょっとお話しいただけますでしょうか。

小島　もともとは要するに、民俗学関係の調査がその頃まだできなかったんですよね。それで、民俗学関係の六つの学会だったかな、それが最初に連合して調査を始めて。海外へは行けないから、国内でいろいろ調査をしようと話していたらしいのです。それが発展して、だんだん学会が増えてきて、東洋音楽学会というわれわれの所属する学会があるんですけど、それが最後に入れてもらって、十学会になったんです。でも考古学会が、そんな一つの学会分の予算ではとてもできないといって抜けちゃったので、九学会ということになったのです。

最初の調査が青森県の下北半島でした。それから利根川流域の調査をしました。その後どうしようというときに、私がちょうど当番で、沖縄が本土へ返還されるときにどんなふうに変わるか考えたいからという理由で、沖縄の調査をしました。奄美をその次にやりました。ずいぶんそこでほかの学会の方たちから教えていただいたものもあります。たとえば、沖縄の調査のときには、まだ沖縄の文化の特徴みたいなものを、みなさん掴めていなくて。たとえば社会学会の人が、その集落の稲作がどれくらい盛んかとかね、そういう調査をなさっていた時代です。私は沖縄の方たちとカチャーシーを見たり、一緒にやったりしていると、揺れがあるということに気がついて、あれは波に乗るリズムじゃないかと。サバニという小さな船に乗って、どこへでも行っていましたから。細長い船で、本当にそれから落ちるという恐れもあったという。

その揺れるリズムということから、海洋民……その当時、民族という意味がよくわかっていなくて、私は、最初、海洋民族の文化だというふうないい方をしたんですけど、そうしたら民族学会の人から、民族とはいわないで「海洋民」で止めたほうがよいと言われて、それで、海洋民の文化、海洋民の音楽というふうにいいました。最近では「海洋民」という言葉は、ごくごく一般的に使われていますが、その頃はまだ使われていませんでした。

塚原　そうですね、使っていませんでした。いま先生がおっしゃったスウィング感というようなお話も、そういったところから出てきたということですね。学際研究とか、一つの分野ではないところと交流するために、特に大事だなと思われたことはありますでしょうか。

小島　私たちにとっては、ほかの分野の学問的な成果というのは、それはもうありがたいので。たとえば、言語学会の人が、下北半島では「のぼる」というのを、逆方向に考えている。おかしいなと思ったら、船がね、全部その方向から来ていたということでした。それは、言語学会の人たちの説明でなるほどと思いましたし、いろいろほかの分野から教わりました。

塚原　先ほど箏曲の新しいものを聴かせていただきましたが、一九五〇年代、六〇年代の現代音楽シーンといったらいいのでしょうか、現代邦楽、それを同時代で体験されていたということは、とても大きいと思います。聴かせていただいたのは、芸大の学内の演奏会で伊藤松超さんがお弾きになったということでしたが、箏の演奏会でものすごく印象に残ったものはほかに何かございますか。

小島　いろいろありましたけどね。あの頃はね、現代音楽でも偶然性の音楽なんていうと、ピアノを壊しちゃうんじゃないかと思うようなものもあって面白かったですね。そういうのにも全部行っていました。邦楽の分野は、やはりとても保守的なので、なかなか新しいものに踏み切れないというところがありましたよね。でも、そういうふうに、クラシックの基準みたいなものが壊れた時代です。偶然性の音楽やら、十二音の音楽やら。だから作曲家たちも、割と自由な考えになれた、そういう時代だったと思いますね。それで、両方の気持ちがちょうど合ったのでしょうね。

塚原 非常に熱い時代だったわけですよね。

小島 そうですね。ですから、とても内容的にシリアスな音楽。いま聴いても、そう思います。

塚原 集中力というか、凝集力がものすごいですよね。

小島 厳しいですよね、精神的に厳しい音楽という。最近の新しい現代邦楽もよく聴くのですが、「甘いなぁ」って思うこともしばしば（笑）。先ほどの尺八の音楽でもそうですけど、日本の音楽には精神性みたいなものがありますよね。たとえば、有名な和太鼓奏者の林英哲さんとこの間も話していたんですけど、やっぱり外国の人から精神性が違うって、よく言われると言っていました。太鼓にしても尺八にしても、一番それが極端に出ていると思います。音楽する気持ちに、ただ音を楽しんでいるというだけではないものがある。二年ぐらい前に現代音楽祭で、中国の人だったと思いますが、非常に宗教的な雰囲気の曲を作った人がいて、それはそれで面白かったのに、何か足りないという気がして。それは結局、そういう精神性の問題。何を本当に祈ろうとするのかとか。その辺が、日本の音楽には本当に大切なことだったんだろうなという気がしますね。

塚原　近代日本音楽研究から始められて、日本の民俗音楽であるとか、あるいは、日本音楽史の研究というところに進まれたというお話だったのですが、私は実は学生のときに、「音楽史学としての日本音楽史研究」という先生の論文（小島一九七三）をたまたま読んでいて、何だか本当に、いきなり頭を殴られたような気持ちがしたんですね（笑）。そのときのことをとてもよく覚えているのですが、先ほどおっしゃっていた、音が聞こえるということですとか、それからやはり、ダイナミズムというのでしょうか、どういうことで何が変わっていくのかということについての見通しをそこに書き込まれていたので、それに私は反応したのかなというふうに思っています。もちろん先生のほかの講義も聞いたんですけれども、お書きになったものでは、これがとてもショックを受けたものとして、覚えています。七〇年代のその頃に、日本の音楽史について考えられていたことと、それからまた何十年か経ったいまの時点でお考えになっていることで、何か変化したことはありますでしょうか。

小島　基本的には、つながっていますね。なかなかそれが結果として、きちんとしたものになっていないというのが、私たちはまだ努力が足りないと思うんですよね。日本の音楽史として、もうちょっと、実はダイナミックに流れているんだよということを書きたいんだけど。西洋音楽史なんかだと、楽譜を頼りにしたような研究が多いじゃないですか。楽譜がない音楽については、ほとんどね。だから、西洋音楽史から学ぶことって、実は、あんまりなくて（笑）。西洋音楽史研究からね、あんまり新しいスタイルも出てないですよね。

塚原　でも、そうでもないところもあります（笑）。いまは、西洋音楽史のほうも、だいぶ考え方が変わってきました。というのも、二〇一七年の三月に国際音楽学会の世界大会が初めてアジアで開かれて、東京芸大が会場になったのですが、そこにいらっしゃったいろいろな方たちの発表を聞いて、昔は非常に対立的に考えられていたことが、もうあまり対立でもなくなっているかなと思いました。いろいろな方法論が乗り合わせられていますし、中世の西洋音楽に適用されていることを日本の民謡に応用している方もいるし。テーマとして面白く、方法論がしっかりしている研究は、誰が扱っても面白いかなという、そんな感じをもちました。

話を戻しますと、私がショックを受けたその論文のあとにも、先生が全体を見渡した視点からお書きになったものとして、たとえば、NHK出版の『音楽からみた日本人』（小島一九九四）、これは『人間大学』という放送番組をベースに、まとめられたんですよね。それから、二〇〇〇年代に入ってからですけれども、国立劇場で企画編集した『日本の伝統芸能講座――音楽』（小島二〇〇八）という本がありまして、それを先生が監修されて、第一章も書かれていますが、そこでも何かエッセンス的なものを示してくださっていると思います。

小島　「日本列島の音楽史」というのを書くと約束してから、何十年も経っちゃっているんで（笑）。

塚原　ということだそうなので、まだまだこれからも書いていただきたいなと思っている次第であります。

小島　勉強が足りないので。だけど、一つだけ決めているのは、縄文時代からとか、そういう日本音楽史にしないで、現代の日本人がどういう音楽感覚をもっているかというところをまず序説として書いて。それがどういうふうにしてできてきたというふうな書き方にしようかなと思っています。歴史って、だいたい古代が詳しくて、近世はスッといっちゃって（笑）。現代はやったかやらないかわからないみたいになっちゃう。そういうふうにはしたくないと思っています。

塚原　期待しておりますので、ぜひお願いいたします。そのほかですね、本当にたくさんの大学で講義をされていて、なかでも、一番長くお勤めになったのは、早稲田大学で、三〇年教えられたということですね（表5-3）。

小島　そうですね、非常勤講師で。

塚原　それはある意味、今日のお話と一番近いことですね。

小島　東谷さんが、そのときの学生なので（笑）。だから、音楽というものを狭く考えないようにという趣旨では、同じです。

塚原　そうですね。芸大では一応、専門の講義として受けましたが、それも記憶によれば、本当にいろいろなところをみていかないといけないということを考えさせられた授業だったと思っています。それから、やはり私たちは、音から発想しないといけないのだということに、非常によく気を配っておられた

表 5-3　多くの大学・研究所での講義・研究

1968–1998 年度	早稲田大学第一文学部で教養科目の「音楽」を 30 年間講義 ・「音楽が専門でない人たちにどう伝えるか」＝「教養」としてどう伝えられるか
1970–1986 年度	東京芸術大学音楽学部楽理科で「日本音楽史Ⅱ（近世・近代）」など、音楽学の専門講義
1985–1993 年度	国立歴史民俗博物館での研究 ・日本民謡データベース
1994–1997 年度	江戸東京博物館での研究 ・都市の民俗音楽

記憶があります。方法としては、もちろん書かれた資料も使うわけですが、やっぱり最後には、音がどうだったんだろうかということで斬っていかなくてはいけない、とよくおっしゃっていました。

小島　それから、先ほどの『人間大学』やラジオも含めて、たくさんの放送番組にも出演されていましたよね。

塚原　そうですね。FM東京で『邦楽散歩道』というのを、竹内道敬[31]さんと交代で何年も担当していましたね。

小島　その延長にあるかもしれませんが、レコードやCDを制作されたり、少し前の、いろいろな三味線の音色を聴いてもらうコンサートのビデオもあったと思いますけれども。

塚原　そういうのもやっていましたね。民謡の審査の番組なんかにも出演したりするもんですから、[32]田舎に行くと「キンカンの先生」なんて呼ばれたり（笑）。

小島　お顔を知っている方がとても多かったということだと思います。そのように、専門的なことを専門家だけに話すのではなくて、たくさんの方々に伝えるという仕事に関しては、何かモットーといいますか、いつもお考えになっていたことはございますか。

塚原　私は先輩の研究者の方から教わったこともたくさんありますけど、むしろ一般の方たちとお話

[31] 竹内道敬（たけうち みちたか、一九三二-）：近世邦楽史を専門とし、国立音楽大学教授、放送大学客員教授を歴任。
[32] 『キンカン素人民謡名人戦』（一九六一-一九九三、フジテレビにて放映）の審査委員を務めていた。

して、いろいろうかがって、そこから教わることがすごく多い。だから自分でどこかに行くときでも、「調査に行く」という言葉は絶対に使わないようにしています。役所の方から調査に来られたというふうに紹介されちゃうことはあるけれども、「いや、教わりにきました」と、そういう気持ちでいます。だから特にわかりやすくというわけではなく、ある意味、同じレベルにいるというか（笑）、そんなふうに思っていますね。

塚原 そうですね。たとえば、「伝統」といってしまうと、何かすごくとてつもないものだとか、かけ離れたものにアクセスしなくてはいけないというふうに思ってしまうこともありますが、そうではなくて、いわゆる「伝統」といわれているものも、それ自体がつくりかえられたり、裂け目があったり、いろいろなことを経験していて、それに対して入り口もいくつもあるのかなと思いました。

先生も最初の入り口は、ある意味、近代音楽のほうからお入りになったということだったのですよね。

小島 はい、邦楽というのを全然知らなかったので、そっちから入っていくしかなかったということです。いろいろな方にとって、いろいろな方法があると思います。インド音楽が面白かったということころから入られてもかまわないし。

ところで、塚原さんは、どうして近代音楽史を考えたの？

塚原 すごく簡単に言うと、私は北海道の生まれなんですけれども、函館にも住んだことがあって、五稜郭で遊んだりしていました。五稜郭公園で運動会をしたこともあります。それから私は中島小学校っていう所を卒業したんですけれども、ペリーが来たときに浦賀で応接した中島三郎助という人が息子二人とともに戦死した所、そこを記念してつくられたのが中島町です。そこの小学校を出ていますので、何かこう、近代史が何となく関係していたのかもしれません。当時まだ土方歳三もそんなに知られていなくて、でも博物館に写真が出ていて、格好いいお兄さんだな、と思っていました（笑）。

小島　塚原さんも、北海道から芸大へいきなりポンとではないですよね。

塚原　私も実は北海道教育大学に途中までおりまして、その後、楽理科に行きました。

小島　やっぱり、回り道のほうですね。

塚原　そうですね（笑）。

東谷　今日は比較的、先生がご専門にされているお話が多かったのですが、実はものすごく視野が広い先生だということで、その一端としてご紹介しておきたいことがあります。まず、一九七〇年代後半にポピュラー音楽の方面では、日本レコード大賞の審査員をされていますよね（笑）。

小島　ハハハ（笑）。

東谷　その時点で、音楽のジャンルは先生にとって関係ないですよね。「音楽」ということで。実は、塚原さんと私とで先生のお宅へうかがって、事前に講演の打ち合わせをしたのですが、気がついたら五時間も打ち合わせをしていました（笑）。そのなかで小島先生が「最近私は、アイドルが結構気になるのよ」、「乃木坂46[33]が気になるのよ」とおっしゃって。

小島　ハハハ（笑）。

東谷　音楽のジャンルを問わず、いわゆるポピュラー音楽のほうにも目を向けていかれるし、そういう方との仕事も先生はされています。最近、先生が対談相手にデーモン閣下[34]を指名したという話もうかがっていますし。そういう、視野を広げていくという点について、何かコメントをいただければと思います。

小島　別に、乃木坂だけを言ったわけではなく、AKBにしても何にしても、すごく人数の大きいグループがたくさんありますよね。そういうものを受け止める人たちが、お金があるようになったんじゃないかというふうに、私は考えたんですね。昔だったら、一人の歌い手がいて、カラオケがない時代には、少しバンドを連れていったりということはあって、それを食べさせるだけの条件はなんとかあったけど、あんな大人数の、しかもそういうグループがたくさんあるわけでしょ。男女ともに。

だから、そういう人たちを養っていけるだけの豊かさというものが、いまは社会的に出てきているんじゃないですかと、私は東谷さんに聞いたんですよ。そうしたら、東谷さんは、「そうですか?」って言って(笑)。お返事はなかったのですが、ポピュラー音楽の専門家ですからね。

東谷　一応そのあと、少し調べました。産業形態がだいぶ変わったみたいで、実はグループでも一人ひとりの事務所は違うらしいんです。違う見方をすると、儲けるためにグループをつくるという、そうした音楽産業の戦略的なものらしいんですね。だから、誰か一人がコケても大丈夫なわけです。要するに事務所の違う人間が集まって集合体を組むという、そういう音楽のシステムができているというのを、その分野を研究している人から聞いてきました(笑)。

小島　だけど、社会的条件がずいぶんと変わってきているんじゃないかという感じがするんですね。

東谷　そうですね。もちろん、そうだと思います。あとは、先ほど、控室で話題に出た山折哲雄さんのお話を、ちょっとご紹介いただけますか。

小島　哲学者の山折哲雄さんが、ある講演を頼まれて北海道に行ったら、地元の人から「いやあ、（ジャニーズの）嵐が来てね、大変だったんですよ」と言われたので、山折さんはてっきり台風のことだと思って（笑）、という話でした。でも、それぐらいね、大移動があるんですよね。たとえば嵐が行けば、嵐のファンがバーッと。

東谷　ですから、そういう社会現象としても、私は注目したいと思っています。音楽を支える社会的な条件という意味で言ったので、別に乃木坂のファンだというわけではないんですけど（笑）。ツーリズムの問題ですよね。音楽のコンサートが、観光の一手段となっていると考えられて、これはポピュラー音楽だけではない現象です。だから私たちも視野を広くもたなくてはいけないなということを、先生から教わったなと思っています。

---

［33］乃木坂46（のぎざかフォーティーシックス、二〇一一年―）：総合プロデューサーの秋元康の命名によるアイドルグループ。秋元プロデュースの先行するアイドルグループのＡＫＢ48（二〇〇五年―）が公演用の専用劇場を有するのに対して、乃木坂46は専用劇場は有さない。

［34］デーモン閣下（デーモンかっか、一九八五年メジャーデビュー）：シンガーソングライター。ヘヴィメタルバンド・聖飢魔Ⅱ《せいきまつ》にてデビュー。以来、悪魔の姿で活動を続ける。音楽活動以外にＮＨＫ大相撲中継の解説を務めたり、ＮＨＫ広島が制作した番組内で、反戦の立場から熱く語ったりなど興味深い一面がある。

さて、残り時間が少なくなってきましたので、休憩中に質問用紙に書いていただいたなかから代表して一つ、先生にお尋ねします。その前に私のほうから、すぐに答えが出るものについてはお答えしておきます。「日本の特徴的な音階とリズムについて、もう少し学びたい」という方は、ぜひ『音楽からみた日本人』(小島一九九四)を読むとよろしいと思います。先ほど塚原さんから紹介していただいた、NHKの『人間大学』の放送をもとにしたものですね。これが一番、入門的には読みやすく、読んでいただければ、かなりのところが掴めるのではないかなと思います。

では一点、質問を読み上げますね。「クラシックやポップスを中心に聴いて育ってきたので、現代邦楽は、ものにもよりますが、長唄や雅楽などを物足りなく感じてしまうことがあります。日本人として、このような音楽に魅力を感じたり親しんだりするためには、いわゆるクラシック中心の感覚から自身を解き放つためには、どのようなことを心掛けたり、努力したりすればよろしいでしょうか。もし先生のご体験のなかで参考になるお話がありましたら、ぜひお伺いしたいです」とのことです。よろしくお願いします。

小島 すぐ解放できるというふうには、思っていないです。少し気になるものがあったら、それを一生懸命、何回も聴いてみるとか。たとえば私の場合は、三味線音楽のなかでは、義太夫の三味線が一番共感できたんですね。あの深い音にです。あの辺からが入り口で、長唄などの三味線が面白いというのは、もう少しあとになりますね。それから、津軽三味線には早くから馴染んでいたので、もちろんああいうものは面白いと思っていましたけれども、自分で何となく気になるものをもう少し何回も聴いたり、自分でもやってみたりできれば、そこが窓口になって、そこからまたほかのものに興味がいくというふうなことになってくると思うんですよ。理論的にわかったから、すぐできるというものではなくて、感じ方や感覚の問題があると思っています。

東谷　どうもありがとうございました。もっとお時間をとって、いろいろとお話をうかがいたいところですけれども、見ての通り時間も予定よりかなり過ぎてしまいましたので、今日はこの辺で講演会のほうは締めさせていただきたいと思います。小島先生、塚原さん、どうもありがとうございました。

――参考文献

小泉文夫（一九五八）『日本伝統音楽の研究』音楽之友社

小島美子（一九七三）「音楽史学としての日本音楽史研究」小泉文夫・星　旭・山口　修［責任編集］『日本音楽とその周辺――吉川英史先生還暦記念論文集』音楽之友社、一四三－一七一頁

小島美子（一九九四）『音楽からみた日本人』日本放送出版協会

小島美子［監修］／国立劇場［企画・編集］（二〇〇八）『日本の伝統芸能講座――音楽』淡交社

小島美子・藤井知昭［編］（一九九四）『日本の音の文化』第一書房

日本放送協会［編］（一九四四－一九八〇）『日本民謡大観』日本放送出版協会

吉川英史（一九八四）『日本音楽の美的研究』音楽之友社

あとがき

本書は、成城大学共通教育研究センター開設一〇周年記念事業「いま、教養教育とは何か」の一環として開催した、公開講演シリーズ「いま、教養教育を問う」（全五回）を基に、シリーズに登壇くださった講演者が新たに書き下ろした講演風論考を収めたもので、内弁慶なコミュニティにとどまることなく、広く世に問うことを目的としたものです（なお、五章のみ、「講演＋討論」の紙上再録の体裁になっています）。

本書の基となった講演シリーズ「いま、教養教育を問う」（全五回）は以下のように開催され、編著者である私が企画しました。

第一回　佐藤良明「「専門家」という甘えの構造」二〇一六年一〇月一五日（土）
第二回　森　利枝／山本敦久（討論者）「教養教育をどうとらえるか――歴史的視点から考える」二〇一七年三月四日（土）
第三回　小島美子／塚原康子（討論者）「狭い音楽観からの解放」二〇一七年五月一三日（土）
第四回　伊藤　守／山本敦久（討論者）「メディア報道を読み解く技法」二〇一七年七月一五日（土）
第五回　標葉靖子／山本敦久（討論者）「科学リテラシーはどこまで必要か」二〇一七年一〇月七日（土）

本書の「はじめに」で触れましたように、今後の教養教育を考える何かしらのヒントや議論の叩き台となることを念頭に、どなたに講演をご依頼しようかと考えたとき、私自身がぜひともお話をうかがいたい、そして多くのみなさんに知ってほしいと、真っ先に思いついたのが本書に論考を寄せてくださったみなさまだったのです。どの回も素晴らしい講演で、来場くださった多くの方からお褒めの言葉を頂戴したことは嬉しかったです。

本書は、講演のたんなる紙上再録にとどまらず、講演で話された内容をブラッシュアップして語り口調の論考として寄稿していただくことを講演者のみなさまに依頼しました。いざ届いた原稿を読み進めていくうちに、どの原稿も講演会のときよりもいい内容のものばかりで、驚きとともに、気を引き締めました。

編著者として、執筆者のみなさまが寄稿くださった原稿を一字一句、丁寧に読み込み、表記表現のチェックはもとより、場合によっては、加筆を求めるなどの編集作業の時間をかなりとることにしました。さらに嬉しかったのは、執筆者のみなさんとのやりとりです。どの方とのやりとりも思い出深いものがあります。少しだけ紹介させてください。

佐藤良明さんは、草稿に注をつけてほしい箇所を私が指摘しましたところ、佐藤さんからはそれ以上に丁寧な本文修正や注のついた原稿を戻していただき、本づくりの原点を教わった思いがしました。森さんには高等教育論の潮流とは異なる方向を走る本書の方針を最大限に尊重してくださり、いい塩梅で論を展開してくださったと同時に、本書に足らない専門知をしっかりと注いでくださったことに感謝しています。伊藤さんは最新の情報をもとに、ゲラの段階で文章を一気に差し替えるなど、細かなところに気配りをされており、見倣わないといけないと思わされました。標葉さんには、私が人文科学の論文や学術書籍の手法で「ああしてほしい、こうしてほしい」と無理難題を押しつけるにもかかわらず、丁寧にご対応くださり、頭が下がる思いでした。塚原さんには、質疑応答を補う書誌を含めた情報を手際よくまとめてくださったことはもちろんのこと、入稿までの時間がほかの執筆者と違って、かなり短い期間にもかかわらず対応くださるなど、おおいに助けていただきました。そして、小島先生は、私どもの用意した注に対して、見過ごしてしまった細かな過ちを正してくださいました。まだまだ私は学問に精進しなければならないと痛感しました。このように、本書の制作過程そのものが、私の勉強になったことはいうまでもありません。

さて、紙幅の関係で、企画から開催に至るまでの経緯や後日談の詳細については別の機会に譲りたいと思います。また本書を世に問うためにお世話になった方全員のお名前をあげることができませんこと、お許しください。どうしてもお名前をあげておきたい方々として、まずは、ご多忙にもかかわらず玉稿をお寄せくださった執筆者のみなさま、入稿前の原稿の校正を手伝ってくださった小河原あやさん（成城大学非常勤講師）、高木敬生さん（一橋大学院生）――お二人は私が成城大学に勤めていた時に担当した科目のTAをしてくださっていました――、第五章の本文の注をつけてくださった葛西周さん（東京芸術大学非常勤講師）に、この場を借りて御礼申し上げます。そして、本書を世に問う後押しをしてくださっただけでなく、丁寧な編集実務、索引づくりをしてくださったナカニシヤ出版編集部の米谷龍幸さんと校正スタッフのみなさまに御礼申し上げます。

最後になりましたが、私は昨春二〇一八年三月に成城大学を辞しました。期せずして、本書は、私が設立準備からカリキュラム立案も含めて関わった成城大学共通教育研究センターの教育実践の理念を体現したものであるとともに、私の教養教育に対する想いが詰まったものになりました。本書が読者のみなさんの思索の旅のおともになることができましたら、このうえなく嬉しく思います。

二〇一九年二月

新しい朝を名古屋の寓居で迎えながら

東谷　護

は行

ま行

や行

人名索引

事項索引

執筆者

佐藤良明（さとう よしあき）
1950年生まれ。東京大学名誉教授。
専攻は英語圏文化。
担当：1章

森　利枝（もり りえ）
1968年生まれ。大学改革支援・学位授与機構教授。
専攻は比較高等教育論。
担当：2章

伊藤　守（いとう まもる）
1954年生まれ。早稲田大学教育・総合科学学術院教授。
専攻は社会学、メディア・スタディーズ。
担当：3章

標葉靖子（しねは せいこ）
1981年生まれ。東京工業大学環境・社会理工学院イノベーション科学系助教。
専攻は植物分子生物学、科学コミュニケーション。
担当：4章

小島美子（こじま とみこ）
1929年生まれ。国立歴史民俗博物館名誉教授。
専攻は音楽学、日本音楽史、民俗音楽学。
担当：5章

塚原康子（つかはら やすこ）
1957年生まれ。東京芸術大学音楽学部教授。
専攻は音楽学、日本音楽史。
担当：5章第6節

東谷　護（とうや まもる）
奥付参照。
担当：5章第6節

編著者

東谷　護（とうや まもる）

1965年神奈川県横浜市生まれ。

京都大学大学院人間・環境学研究科博士後期課程修了。博士（人間・環境学）。早稲田大学第一文学部、東京芸術大学音楽学部、東京大学教養学部後期課程非常勤講師、成城大学文芸学部教授（共通教育研究センター専担）を経て、現在、愛知県立芸術大学大学院 音楽研究科教授（音楽学領域）。専攻は音楽学、ポピュラー音楽研究、文化研究、初年次教育、教養教育論。

主な著書に、『表現と教養――スキル重視ではない初年次教育の探求』（編著・ナカニシヤ出版、2019年）、『大学での学び方――「思考」のレッスン』（勁草書房、2007年）、『マス・メディア時代のポピュラー音楽を読み解く――流行現象からの脱却』（勁草書房、2016年），『進駐軍クラブから歌謡曲へ――戦後日本ポピュラー音楽の黎明期』（みすず書房、2005年）、*Made in Japan: Studies in popular music* (Routledge Global Popular Music Series)（共著、New York: Routledge, 2014）、ほか。

教養教育再考

これからの教養について語る五つの講義

2019年3月31日　初版第1刷発行

定価はカヴァーに表示してあります

編著者　東谷　護

発行者　中西　良

発行所　株式会社ナカニシヤ出版

〒606-8161　京都市左京区一乗寺木ノ本町15番地

Telephone　075-723-0111

Facsimile　075-723-0095

Website　http://www.nakanishiya.co.jp/

Email　iihon-ippai@nakanishiya.co.jp

郵便振替　01030-0-13128

印刷・製本＝創栄図書印刷／装丁＝白沢　正

ISBN978-4-7795-1375-6